DU

SYSTÈME FINANCIER,

OU

COUP-D'OEIL ANALYTIQUE

SUR LE BUDGET DE 1822.

On trouve chez le même Libraire, les Ouvrages suivans du même Auteur :

Principes généraux d'administration, ou *Essai sur les devoirs et les qualités indispensables d'un bon Administrateur*, 1 vol. in-8°.

De l'Esprit public, ou *de la Toute puissance de l'Opinion*, 1 vol. in-8°.

IMPRIMERIE DE P. DUPONT,

HÔTEL DES FERMES.

DU

SYSTÈME FINANCIER,

OU

COUP-D'OEIL ANALYTIQUE

SUR LE BUDGET DE 1822.

Par Guérard de Rouilly.

> Il ne faut point prendre au peuple
> sur ses besoins réels, pour des be-
> soins de l'État imaginaires.
>
> *Montesq. Esprit des Lois,*
> Liv. 13 , Chap. 1.

A PARIS,

A LA LIBRAIRIE FRANÇAISE DE LADVOCAT,

Palais-Royal, Galerie de Bois, N° 519.

———

1822.

PRÉFACE.

Ce n'est pas dans un ouvrage de la nature de celui-ci, qu'il serait possible de donner à l'examen de notre système financier tous les développemens dont est susceptible un pareil sujet. Pressé par la discussion qui s'approche, et voulant soumettre à l'attention publique quelques observations sur chacune des parties de la fortune nationale, avant que les Chambres aient statué définitivement sur le budget qui les rassemble, j'ai dû me borner à des idées simples, et renoncer à toute discussion étrangère aux détails positifs de la loi financière de 1822. On chercherait donc en vain dans cette courte analyse des plans nouveaux, ou des combinaisons approfondies sur les changemens réclamés par notre situation. Je n'ai pu qu'indiquer les réformes à mesure que le sujet auquel elles se rattachent semblait les indiquer lui-même. C'est ainsi qu'en parlant de la nécessité de changer complétement le mode de perception de l'impôt, je n'ai point spécifié celui que je croirais pouvoir lui être substitué avantageusement. Il faudrait des volumes pour traiter avec toute la profondeur qu'elles réclament, des questions d'un ordre aussi important. Il faudrait surtout des connaissances qui me sont étrangères, et des recherches qui demanderaient, pour les mettre en œuvre, des publicistes plus exercés, et des financiers plus habiles. Mais quand tous les contribuables s'élèvent avec tant de raison contre l'augmentation toujours croissante des budgets, quand la possibilité de réformes en cette partie est l'évidence même, j'ai cru pouvoir indiquer d'abord celles qui ne peuvent souffrir ni contestation ni délai, et faire entrevoir dans l'avenir celles que nous devons obtenir infailliblement du progrès des lumières, et de la nature même du gouvernement représentatif. Quand les abus de la fiscalité sont venus au point d'arracher aux contribuables, dans un état de paix qu'ils n'ont plus à payer par des sacrifices extraordinaires, des sommes plus considérables qu'au milieu des guerres les plus prolongées, et par conséquent les plus dispendieuses, on rougit de ne proposer que des réductions peu proportionnées à un état de choses aussi désastreux. Mais si malgré la médiocrité des économies réclamées, il est encore impossible de les obtenir, que résulterait-il, à plus forte raison, d'un scrupule plus exigeant? quels fruits pourrait-on recueillir d'une plus grande sévérité ? Les débats qui vont s'ouvrir prouveront trop, je le crains, que loin d'être resté en deçà de la discrétion, j'en ai encore trop reculé les limites, et il se trouvera définitivement que j'aurai peu demandé pour ne rien obtenir.

N. B. Aux pages 21, 24 et 28, la loi portant création d'annuités pour le remboursement du 1er 5e des reconnaissances de liquidation est mentionnée sous la date du 8 mars 1814, *lizez :* 8 mars 1821.

DU SYSTÈME

FINANCIER,

OU

COUP-D'ŒIL ANALYTIQUE SUR LE BUDGET

DE 1822.

CONSIDÉRATIONS PRÉLIMINAIRES.

Lorsqu'une nation, courbée sous la verge du pouvoir absolu, ne reconnaît pour élémens de son existence que la volonté de celui qui commande et la docilité servile de ceux qui obéissent; quand toute sa théorie financière repose sur l'avidité du maître et l'abnégation forcée des esclaves, il est assez inutile de tracer des règles qui ne seront ni goûtées par l'un, ni fructueusement invoquées par les autres; telle n'est point, heureusement, la position des peuples de l'Europe et celle du peuple Français en particulier; c'est dans ses rapports financiers surtout qu'il n'a point à rougir d'une organisation si barbare; c'est là que, s'il existe des abus contraires aux bases fondamentales de son état politique, il a le droit d'exiger qu'on l'en affranchisse.

C'est un principe reconnu par notre législation , que le peuple prélevant sur ses besoins ou sur ses jouissances les charges indispensables de son administration, c'est à lui ou à ses délégués à consentir annuellement tous les impôts convenables ou nécessaires. Il est une autre vérité, proclamée même par les dépositaires de l'autorité, c'est que le devoir du gouvernement est de ne point abuser des trésors de notre opulence dans la prospérité, et de ménager, dans l'adversité les ressources de notre résignation. Quelle conséquence tirer de ces deux principes incontestables ? La nécessité d'étudier les moyens de concilier, autant que possible, la légèreté proportionnelle des impôts à supporter par la population, avec la régularité des services qui doivent assurer à-la-fois sa sûreté, sa dignité, sa force et son indépendance : on peut en reconnaître de deux sortes; les uns qui constituent *la partie morale* du système financier, résultent des principes d'ordre et de justice qui lui sont applicables; les autres, qu'on en peut appeler *la partie matérielle*, comprennent tous les détails positifs de cette branche de l'administration. Avant d'indiquer et d'approfondir chacun de ceux-ci, il est nécessaire de s'étendre un peu sur les premiers, sans lesquels les combinaisons les plus savantes, les calculs les plus profonds, seraient insuffisans ou inutiles.

Dans la classe des ressources *morales* à la disposition de toute administration est d'abord une *loyauté* scrupuleuse à remplir ses engagemens les plus onéreux, ceux-mêmes auxquels elle paraîtrait pouvoir se soustraire par des droits apparens ou de complaisantes interprétations : le fondement indestructible de toute fortune publique, c'est la confiance; et la confiance toujours susceptible, a besoin, pour se perpétuer, d'être alimentée sans relâche; elle s'altère au moindre danger, au premier choc elle se brise, et périt sans retour : nous l'avons vue, dans ce siècle même, signaler sa disparition par d'assez terribles fléaux, pour n'avoir pas besoin de longues démonstrations à cet égard. Il n'est point de raisonnement par lequel un gouvernement insidieux puisse donner le change à la crédulité; sans la bonne foi point de confiance, et sans la confiance point de ressources réelles pour l'administration la plus inébranlable en apparence. Aujourd'hui qu'une organisation représentative nous met à l'abri d'alarmes financières, autrefois trop légitimes, ne craignons pas de faire une comparaison destinée à devenir bientôt à notre avantage. Comment une nation voisine a-t-elle résisté long-temps à des charges peu proportionnées à l'état de sa population, tandis que la nôtre a fléchi sous un fardeau mille fois plus léger? Pourquoi de sanglantes révolutions ont-elles été le résultat d'un *déficit* qui eût été chez ces mêmes voisins à-peu-près nul ou imperceptible? C'est que chez nous une mauvaise foi aussi impolitique dans ses effets que criminelle dans son principe, avait éloigné le crédit, premier aliment de la fortune publique, ce crédit dont une loyauté sans altération ne cessait, dans cette île rivale, d'encourager le développement; c'est que chez nous des altérations successives dans les monnaies qui constituent la partie la plus généralement recherchée des richesses nationales, étaient venues poursuivre jusques dans l'asile des particuliers cette confiance qui s'altérait aussi dans la même proportion; c'est que des créations multipliées de nouveaux offices dépréciaient à tous momens les anciens dans la main de ceux qui en avaient payé, quoique par abus, la valeur devenue par là chimérique; c'est que des emprunts consommés sous la garantie de la foi publique n'étaient le plus souvent remboursés qu'à la charge d'injustes réductions : c'est que sans en venir encore à l'ignominie de consommer le scandale d'une banqueroute, le mot seul en était trop souvent prononcé pour qu'on ne craignit pas de la voir entrer elle-même dans les spéculations commodes du gouvernement; c'est qu'enfin la bonne foi s'éloignant de tous les conseils, la voix de l'intrigue ou de la cupidité trouvait seule à se faire entendre. Ce n'est pas pour rappeler stérilement les antiques abus, que nous nous livrons à cette discussion. Loin de nous les souvenirs amers et les reproches inutiles; mais quand une forme de gouvernement plus riche de confiance, parce qu'elle est plus forte de garanties, possède les moyens d'éviter le retour de pareils fléaux, il est permis de les rappeler pour en faire à la loyauté publique autant de stimulans, autant d'appels à la surveillance des hommes chargés d'en conserver le dépôt.

En parlant de cette *loyauté* qui fait naître la confiance, de cette intégrité sans laquelle une administration ne peut avoir au crédit qu'une prétention chimérique, comment ne pas faire ressortir les avantages du système représentatif, sous ce rapport comme sous tous les autres? Quels gages cette réunion imposante des délégués d'un grand peuple ne donnera-t-elle pas de la sainteté des engagemens qu'ils auront contractés? quel serait le gouvernement assez effronté dans sa mauvaise foi pour oser proposer à l'élite de la population la violation des contrats solennels? Et une basse cupidité l'aveuglât-elle au point de lui faire hasarder une démarche si honteuse, avec quelle vertueuse indignation ne serait-elle pas repoussée par des mandataires, jaloux de rapporter dans leurs foyers cette estime publique à laquelle ils sont redevables de leur mission même? Non, ils ne prostitueront pas aux calculs injustes du pouvoir l'honneur de leur carrière législative, la gloire de leur vie entière; la certitude d'échouer contre l'intégrité représentative arrêterait seule les dépositaires du pouvoir, s'ils étaient assez malheureux pour ne reconnaître d'autre frein à leur cupidité, et cette forme d'organisation politique, *en la supposant dégagée des abus qui peuvent la rendre illusoire*, garantirait à une *nation* cette loyauté, première condition *morale* que nous avons imposée à la prospérité de son système financier.

Et qu'on ne croie pas que ce scrupule à remplir tous les engagemens contractés, s'accorde mal avec une *rigoureuse économie*. Cette autre condition n'en est pas moins indispensable pour entretenir dans un état florissant la fortune nationale. Il ne peut y avoir contradiction entre la *loyauté*, qui satisfait à toutes ses obligations, et l'*économie*, qui assure honorablement les moyens d'y parvenir. En vain certains administrateurs des ressources publiques, appliquant ce principe à leur manière, prétendraient en faire dériver le droit d'éluder ces engagemens dont nous leur faisons un devoir; ce n'est point à cet objet que se rapporte le système d'économie que l'on prétend imposer à leur administration. C'est au contraire pour se mettre en état de subvenir aux dépenses reconnues véritablement nécessaires, qu'il leur faut supprimer tous ces frais de luxe, de faveur ou de corruption, qui absorbent trop ouvent des fonds applicables à d'autres usages. Les peuples ne sont pas aussi stupides que cherchent à se les représenter certains hommes d'état, jaloux d'exploiter jusqu'à leur aveuglement. Ils savent distinguer dans le budget le plus vaste, et quelquefois le plus embrouillé les dépenses qui intéressent l'honneur, la force ou la sécurité de la nation, de celles qui n'ont d'autre motif que l'orgueil, la paresse ou la cupidité de leurs chefs; et l'empressement à acquitter les impôts est toujours en raison de la conviction qu'ils ont de leur nécessité. Demandez-leur des sacrifices extraordinaires pour fonder une armée nationale, pour compléter des arsenaux dégarnis, pour remonter une marine trop long-tems négligée, pour établir sur des routes ou des canaux des communications avantageuses, enfin, pour l'entretien de tous les services nécessaires; vous les verrez consentir à vos justes demandes, sinon avec joie, du moins avec résignation ; mais pour ces pensions scandaleusement prodiguées à l'inutilité, quelquefois même à la trahison, pour ces nombreuses *sinécures*, récompenses de services flétrissans ou imaginaires, cette multitude d'employés, qui consomme une partie si considérable de l'impôt en frais d'assiette ou de perception, tant d'autres exactions financières, dont le détail appartient à des chapitres particuliers; voilà ce que ne couvriront jamais qu'à regret les épargnes des contribuables; voilà les points sur lesquels ils ne cesseront d'appeler les réformes indispensables d'une sage *économie* : ce n'est pas quand le peuple français a tout sacrifié pour faire un pont d'or à d'avides étrangers, quand il a supporté en quatre années de désastres la charge extraordinaire de quatre milliards, qu'on pourrait lui contester le droit de rétablir, par un ordre rigoureux, des finances épuisées par la rigueur des circonstances. Il ne veut point regarder en arrière pour accuser telle ou telle administration d'avoir fondé ce désordre, dont il lui reste à réparer les excès , tel ou tel ministère de l'avoir en quelque sorte régularisé , de l'avoir fait survivre du moins aux événemens qui lui servaient de prétexte: il consent à tirer un voile généreux sur tous les abus, sur toutes les erreurs du passé ; mais il réclame des principes d'administration , qui puissent désormais l'en garantir ; il demande que l'expérience ne soit pas perdue pour éclairer l'avenir, et qu'enfin la partie la plus substantielle de ses ressources n'aille pas se perdre, sans fruit pour sa prospérité , dans des dilapidations prolongées , ou dans de ruineuses profusions. C'est à ce prix qu'il met l'avantage inappréciable de sa coopération. Si la bonne foi est la sauve-garde obligée de toute opération financière , l'*économie* n'est, sous ce rapport , ni moins réclamée , ni moins nécessaire.

Mais avec cette *loyauté* , caractère essentiel de tout bon système financier, avec cette *économie* qui rend les ressources plus abondantes et les revers moins irréparables , il faut encore quelque chose qui mette en évidence cette économie et cette loyauté mêmes ; car si pour mériter la confiance , il suffit de donner ces deux principes pour bases aux opérations, il faut, pour que la confiance s'établisse en effet véritablement, qu'un public toujours défiant ne puisse avoir à cet égard le soupçon même le plus légèrement motivé ; or il n'y a que *la publicité des comptes* qui puisse donner à l'ensemble comme aux détails de l'administration financière le sceau d'une parfaite régularité. C'est à elle de faire ressortir l'existence réelle de ces deux principes dont on a démontré plus haut la moralité et les avantages. En parlant de la publicité des comptes de finances, n'oublions pas de rendre hommage au ministre citoyen, qui le premier reconnut cette obligation. Sans entrer dans le détail des nombreux actes de son ministère, sans prendre parti entre les détracteurs et les apologistes des autres opérations qui en ont rempli la carrière, disons que la France apprécia cet exemple donné dans un temps devenu déjà difficile : on pourra discuter le mérite ou l'erreur de ses vues, se partager sur les conséquences morales au administratives qu'elles devaient entraîner, mais on verra dans la publicité de ces détails mêmes la preuve de la pureté de ses intentions; on reconnaîtra dans ce respect pour les droits nationaux, le premier anneau de cette chaîne de loyauté, qui probablement ne doit plus être interrompue. Et quel serait en effet le dépositaire de la fortune publique assez intrépide dans sa prodigalité, assez cynique dans ses dilapidations, pour ne pas reculer devant ce compte définitif dont il est certain de ne pouvoir éluder la publicité? S'il n'y voit pas toujours un stimulant capable d'arracher de lui des économies que la loi n'aura pas positivement commandées, il y verra du moins, dans ce dernier cas, un dénonciateur menaçant pour sa responsabilité, un flambeau sans cessse allumé sur ses infractions.

Mais cette *publicité* ne serait-elle même qu'un vain mot, si les comptes n'étaient livrés à l'opinion, avec tous les moyens de vérification dont ils sont susceptibles; et c'est ici qu'il importe de dire un mot de cette *spécialité*, que n'ont pu combattre les agens du pouvoir qu'avec les armes du sophisme ou celles de la prévention. S'il est vrai que la base de tout bon système financier soit le vote de l'impôt par les délégués de ceux qui doivent en porter le poids, et la possibilité de vérifier si l'emploi n'en a été fait que conformément aux intentions de ceux qui l'ont consenti, sur quel argument chimérique s'appuieront les adversaires de cette *spécialité* qui ne peut importuner que les hommes intéressés à la perpétuité des abus? Il faut laisser, disent-ils, assez de latitude au pouvoir pour qu'il puisse parer aux événemens extraordinaires; mais c'est précisément parce que ces événemens sont extraordinaires qu'ils ont besoin d'un acte spécial de la représentation pour subvenir aux dépenses qu'ils occasionnent, et ce n'est toujours point aux fonds votés pour les dépenses ordinaires à en supporter le poids. Autrement il arriverait de deux choses l'une, ou que le service ordinaire souffrirait d'une pareille surcharge, ce qui ne peut être en bonne administration, ou qu'il s'y trouverait des fonds suffisans pour cette dépense extraordinaire, ce qui prouverait dans ceux qui les auraient demandés un abus des plus graves, et une mollesse inexcusable dans ceux qui les auraient accordés. Mais où sera donc, continue-t-on, le moyen de faire face a des besoins non prévus, sans cette latitude que vous ne voulez pas consentir? Je réponds qu'il se trouvera infailliblement dans le droit de lever provisoirement *et sauf régularisation* les impôts nécessités par des circonstances non prévues, et d'ailleurs infiniment rares, et dans le bill d'indemnité que ne manquera jamais d'accorder la représentation nationale pour des dépenses reconnues véritablement nécessaires; mais dans tous les cas la nation repoussera toujours le scandale de ressources votées pour un service déterminé, et détournées illégalement pour d'autres usages. Elle n'autorisera jamais par son approbation, et nous avons vu que c'est son approbation qui seule fait naître le crédit, elle n'autorisera jamais ce jésuitisme financier à l'aide duquel des fonds votés, par exemple, pour procurer une existence décente à ces pasteurs vénérables qui portent dans les campagnes le poids le plus fatigant et par là même le plus méritoire du ministère religieux, iraient servir à augmenter l'opulence oisive de ceux qu'ils reconnaissent pour leurs chefs. Jamais l'opinion publique ne sanctionnera l'abus par lequel un ministre réduit dans ses prétentions quant aux salaires de ses premiers employés, pourrait faire porter sur les emplois les moins rétribués cette réduction même; enfin quelles que puissent être à cet égard les prétentions du ministère, et les argumens insidieux sur lesquels il les prétendrait appuyer, tout compte non basé sur une rigoureuse *spécialité* ne peut être que chimérique; c'est au principe seul de cette spécialité qu'il appartient d'en garantir l'exactitude et la loyauté. Cette morale ne sera peut être de long-tems celle des administrateurs de la fortune publique, mais elle ne cessera d'être professée par ceux qui l'alimentent de leurs sacrifices; il faudra bien finir par la reconnaître

A propos de ces comptes rigoureusement exigés de l'administration, c'est ici le lieu d'indiquer une réforme dont M. Labbey de Pompières avait judicieusement fait l'objet d'un amendement qu'il présenta dans la session de 1820, et qui subit le sort de toutes les propositions faites par la raison seule, sans l'auxiliaire de l'esprit de parti; il voulait que le budget d'une année une fois arrêté, toutes les recettes et dépenses nouvelles qui viendraient s'y rattacher à l'avenir, fussent portés au budget courant; les recettes, à l'article *recettes diverses,* et les dépenses, à celui de *dépenses imprévues.* Rien de plus sage en effet, qu'une telle modification; elle simplifierait à la fois la comptabilité qui se trouverait débarrassée de ces éternels enjambemens, si je puis m'exprimer ainsi, en vertu desquels un compte qui devait sembler appuré, ne l'est jamais définitivement; les moyens de vérification seraient à la portée du calculateur le plus ordinaire, qui les trouverait sous ses yeux dans le budget courant, sans être obligé d'aller les déterrer dans l'obscurité de rapports mélangés, ou de comptes anciens, qu'il a du perdre de vue. Enfin, la bonne foi qui se manifesterait dans la franchise d'une telle innovation, ne produirait sur l'esprit public ni sur le crédit national, un effet chimérique. C'est à la sagesse des chambres à commander un jour ce changement financier, qui pourrait déplaire à une administration intéressée à épaissir le bourbier des opérations, mais qui multiplierait pour le corps chargé d'en éclaircir la masse, les moyens d'y parvenir.

S'il est vrai que de la clarté des comptes dépende rigoureusement la prospérité du système financier, et que rien de ce qui les constitue ne doive échapper à la surveillance du corps représentatif chargé de les vérifier, pourquoi ne renoncerait-on pas à cette manie d'élever en dehors du compte général, une multitude de petits comptes particuliers, comme s'il en était un seul qui pût rester étranger aux résultats annuels de la comptabilité, comme si toutes les sommes qui en forment les élémens, ne sortaient pas aussi en définitive de la bourse des contribuables. A quoi bon placer *pour mémoire*, ou ne pas placer du tout dans le budget général des recettes, celles qui se prélèvent sur les poudres et salpêtres, l'instruction publique, le sceau des titres, la légion d'honneur, etc.; sauf à en faire figurer les dépenses à la partie du budget général qui leur correspond? Est-ce aux différens ministères dont relèvent ces différentes administrations, à en vérifier seuls la comptabilité, ou à la représentation nationale, la conservatrice naturelle des droits financiers, généraux et particuliers? N'est-on pas autorisé à penser qu'il s'agit de dérober à la connaissance de la nation, certaines dépenses particulières, certaines pensions à telle ou telle classe de favoris, certaines récompenses à telle ou telle nature de services, dont la spécification serait impossible ou ridicule ? Serait-il tolérable sous un gouvernement régulier, que tel courtisan reçût à l'insçu de la représentation nationale, tel revenu sur les jeux, tel traitement sur les boues, et que ces profusions, par leur obscurité même, échappassent aux yeux de la France indignée à toute répression comme à toute responsabilité ? Cependant comme nous avons vu ces scandales, il sera permis de ne croire à leur disparition, que lorsque les comptes spéciaux de chaque administration, rattachés au compte général du ministère dont elle relève, et présentés sous sa responsabilité, établiront l'impossibilité de toute dépense occulte ou illégale. En principe, il n'est rien qui puisse avoir le droit de se dérober au grand jour de la publicité, et tout compte particulier non rattaché dans toutes ses parties au budget général, est une violation déguisée de la loi financière, est un abus à déraciner.

Que dire aussi, de ces états tous les jours plus tronqués, que le gouvernement prend l'habitude de montrer sommairement à la représentation nationale, à mesure qu'il se croit plus certain de la complaisance ou de l'aveuglement de la majorité qu'il s'y est ménagée ? Où sont les documens circonstanciés sur lesquels il serait possible de baser un examen bien approfondi ? A quelle nature de besoins voit-on appliquer, lors de la présentation du budget, le développement des détails qui devraient faire statuer avec connaissance de cause sur les fonds destinés à y satisfaire ? Il semble, à chaque session, et particulièrement à celle qui vient de s'écouler, que nous assistions à un assaut déplorable entre un ministère ingénieux à donner strictement les seuls renseignemens qu'il lui soit impossible de cacher, et un sénat complaisant, jaloux d'accumuler sur lui tous les témoignages possibles de sa confiance : et dans ce conflit dont la nation paie annuellement tous les frais, que voit-elle pour contrebalancer le poids de ses sacrifiees? Un parti pris de n'alléger véritablement aucune des charges qui l'accablent, une obstination scandaleuse dans les voies de la profusion, un luxe monstrueux de sinécures, de pensions, de traitemens inutiles, enfin la subversion continuelle de tous les principes d'économie dans les dépenses, et dans les comptes illusoires qui en sont rendus la violation des règles fondamentales de toute loyale comptabilité. En vain dirait-on que ces détails se trouvant chaque année dans le compte rendu de l'exercice précédent, il serait inutile de les produire d'avance et par approximation, lors de la présentation du budget ; je répondrai d'abord que ces comptes rendus eux-mêmes, sont loin d'être développés avec tous les détails qui seraient nécessaires; mais que, fussent-ils d'ailleurs sans reproches à cet égard, il serait encore dans les convenances, que les chambres et les contribuables pussent prendre à l'avance, lors de la présentation du budget, une connaissance approfondie des besoins qu'on allègue, tandis qu'après beaucoup de soins, de dépenses et de difficultés, ils ne peuvent examiner dans ces comptes imparfaits que des dépenses consommées; enfin, que ces mêmes comptes, en les supposant aussi scrupuleux qu'il est possible, ne devraient être qu'un moyen de vérifier l'emploi des sommes portées au budget précédent, si ce budget les avait déjà détaillées lui-même : le premier mérite d'un travail financier, c'est la clarté, et la clarté dépend toujours du contrôle plus ou moins spécial des articles individuels qui le composent.

Un des principaux, et peut-être dans l'ordre de la morale, le premier de tous les principes financiers, est la règle

invariable de dégrever la propriété, le commerce, l'industrie et toutes les branches de la prospérité publique, de
tout ce qu'il est possible de prélever sur les consommations
du luxe, et les hochets de l'orgueil ou de l'extrème opulence; non que dans un état parvenu au point de civilisation qui fait de la France, en quelque sorte, l'arbitre du
goût européen sous ce rapport, le luxe ne soit pas aussi un
moyen de prospérité qu'il serait impolitique et presqu'im-
pôssible d'ailleurs de répudier tout-à-fait. Mais une expérience heureuse à cet égard, nous indique tout ce qu'on
peut prélever sur le luxe et la vanité, sans rien diminuer
de la quantité des objets qu'ils se réservent de consommer.
La vanité et le luxe ne se découragent pas aussi facilement
que l'ordre et l'économie. Ce n'est pas, à quelque quotité
qu'il puisse s'élever, l'impôt assis sur des objets de fantaisie,
de caprice ou de magnificence, qui retiendra les heureux
Sybarites en état de se les procurer; peut-être même la
cherté progressive de ces productions, ne fera-t-elle qu'en
rendre le débit plus rapide, et la consommation plus assurée. Est-t-il une loi financière qui déterminât nos
belles compatriotes à renoncer à ces tissus étrangers, à ces
pierres étincelantes qui les distinguent de la beauté moins
privilégiée, forcée de s'en tenir aux étoffes indigènes et au
corail économique? L'opulence orgueilleuse ou nonchalante
renoncera-t-elle à ces chars si brillans ou si commodes,
parce qu'il lui faudra payer de quelques portions de son
superflu la faculté d'en faire usage? et le financier million-
naire ou le grand fonctionnaire diminuera-t-il d'un individu son nombreux domestique, s'il l'assujétit à un tribut
toujours peu proportionné aux revenus qui forment l'aliment de sa magnificence? Cependant quand le gouvernement aura pu puiser à ces sources différentes une partie

des sommes nécessaires aux charges de son administration, les sacrifices qu'il lui faudra bien demander encore à la propriété, au commerce, à l'agriculture et à l'industrie, moins disproportionnés aux moyens de ceux qui les doivent supporter, en seront acquittés avec moins de murmures et plus d'exactitude; l'agriculteur, le propriétaire et le commerçant, conserveront pour le développement de leurs entreprises et de leurs spéculations, des fonds plus considérables; et c'est ainsi que le luxe se fera pardonner ses profusions en faveur du soulagement qu'il procurera à la médiocrité et à la misère.

Je sais que l'on ne manquera jamais d'objections contre ce système généralement opposé aux intérêts de l'opulence, comme à la routine de l'autorité; je connais tous les argumens que l'on est accoutumé à faire valoir en faveur des anciens abus : l'impôt plus commode à déterminer offre aussi, dira-t-on, plus de facilité dans sa perception; mais d'abord ce n'est pas de la facilité de l'impôt qu'il s'agit, mais bien de sa justice et de sa moralité. Ensuite, où sera la difficulté d'asseoir sur une base égale l'impôt levé sur le luxe et la vanité, plutôt que celui que vous arrachez à la propriété et à l'industrie? Sera-t-il plus facile de se soustraire à l'un qu'il ne l'est d'éviter les rigueurs de l'autre? S'il vous est impossible de tromper l'autorité sur l'importance de votre propriété, ou sur l'étendue de votre industrie, supposerez-vous davantage la faculté de dérober à son investigation, des chevaux, des carrosses, un nombreux domestique, tout ce qui constitue enfin ce luxe qu'il s'agit de faire contribuer aux charges de la société. On insiste, et l'on dit : plusieurs branches de cette industrie que vous prétendez soulager, souffriront de cette sollicitude même; l'impôt rendant plus dispendieux l'usage de certains objets en diminuera la consommation; enfin les fabriques de ces hochets de l'opulence seront d'autant moins employées qu'il en coûtera plus cher pour se les procurer. Il me semble avoir déjà répondu plus haut à cette objection; qu'il me soit permis d'ajouter seulement qu'il y aurait peut-être plus de justesse dans un raisonnement tout-à-fait opposé. L'expérience n'a-t-elle pas démontré que ce n'est jamais sur des objets d'une valeur modérée que se portent les caprices du luxe ou les fantaisies de la vanité; que l'unique secret de procurer à des futilités une vogue au moins passagère, est souvent d'en faire monter le prix jusqu'à l'extravagance, et que le faste de l'opulence ne demande jamais si l'argent que doit lui coûter tel ou tel objet, est à-peu-près représenté par sa valeur véritable, mais si la cherté de son acquisition lui répond que la médiocrité ne saurait y atteindre. Non, le principe de grever le luxe et la vanité de tous les droits qu'ils peuvent supporter, ne saurait être méconnu de bonne foi; ce sont les craintes qu'on affecte qui seules sont chimériques : faites tourner au profit de la propriété, du commerce et de l'industrie, qui sont vos richeses véritables, l'engouement de l'opulence pour des objets d'une valeur presque toujours fictive ou dangereuse, assujettissez surtout à des droits proportionnés à leur futilité tous ces objets d'importation étrangère dont la conséquence définitive est la diminution du numéraire national, et puissent alors à cet égard se réaliser les inquiétudes de quelques esprits légers sur leur disparition ! les fabriques de la France s'enrichiraient de cet aliment enlevé aux manufactures étrangères, et le luxe contribuerait à la fois à la prospérité publique et par les droits perçus sur ses fantaisies, et par la nécessité de puiser à des sources françaises pour se les procurer. Ce n'est pas, au reste, une application spontanée de ce principe qu'il est permis d'invoquer en ce moment : C'est au temps à mûrir une pareille réforme, c'est aux méditations des hommes d'état qui siégent sur les bancs de la représentation nationale, à faire tourner insensiblement les contributions de la vanité au profit d'un dégrèvement progressif sur toutes les autres.

A côté des principes *moraux* dont les conséquences naturelles sont la solidité et la prospérité du système financier, il est nécessaire de placer ici, pour les éviter, les abus qui ne peuvent que la compromettre : il en est un surtout qui par les facilités qu'il procure à l'inexpérience ou à l'incurie des gouvernemens, n'est que trop souvent accueilli par eux pour la ruine des contemporains, et la misère long-tems prolongée de leurs successeurs. A la suite de toutes les crises naturelles ou politiques qui ont nécessité des sacrifices extraordinaires, quand, par quelque raison que ce soit, même à la suite de largesses scandaleusement prodiguées à des favoris, les finances sont tombées dans un état de délabrement ou d'embarras, quelle est la première idée des hommes chargés d'y apporter le remède? Elle est aussi commode pour la nonchalance de l'administration que désastreuse pour la fortune des administrés : c'est à des *emprunts* que ne manque presque jamais de recourir une imprévoyance routinière; et plus l'urgence des besoins est reconnue, plus la rigueur des conditions en devient accablante. Or de tous les moyens de raffermir l'édifice ébranlé de la fortune publique, il est rare qu'il en soit de plus imprudent et de plus funeste. Et ce n'est pas seulement la rigueur plus ou moins grande des conditions sous lesquelles ils sont toujours contractés, qui en fait le plus souvent le danger; c'est encore l'habitude qu'ils font prendre à l'administration de voir dans ces sortes d'opérations une ressource assurée , c'est la prodigalité surtout qui en est la conséquence Ils contribuent d'ailleurs à démoraliser une nation ; ils entretiennent l'intérêt de l'argent à un taux plus élevé que ne le soutiendraient les besoins réciproques dans un temps ordinaire; ils font tendre tous les esprits vers le jeu ruineux des spéculations par les chances qu'ils offrent à l'avidité; enfin, par une impulsion insensible, ils conduisent les citoyens trop crédules , des calculs modérés d'une honorables industrie aux spéculations trop souvent désastreuses d'une insatiable cupidité. Combien n'étendent-ils pas d'ailleurs jusques dans l'avenir le malheur des circonstances qui les a fait juger nécessaires ? Au lieu de l'économie dont ces charges nouvelles devraient faire sentir le besoin, on continue de se livrer à des profusions pour lesquelles un emprunt consommé fournit de nouvelles ressources, et qui en font aussi prolonger indéfiniment le remboursement ; ainsi ce qui aurait dû faciliter à l'administration les moyens de sortir d'embarras , ne fait trop souvent qu'en perpétuer à la fois les désordres et la misère.

Il est cependant des cas impérieux dans lesquels ces sortes d'opérations deviennent indispensables, et je ne prétends pas les proscrire irrévocablement sans aucune restriction. C'est à une représentation éclairée à juger avec impartialité, s'il est possible de parer autrement à la difficulté des circonstances; mais malheur aux nations dont les chefs accueillent cette ressource avec trop de facilité ; malheur aux peuples chez lesquels elles deviennent fréquemment nécessaires! Les emprunts seraient, au reste, beaucoup plus rares , si ceux qui les négocient avaient sans cesse devant les yeux la difficulté du remboursement, et l'influence prolongée qu'ils doivent avoir sur l'état financier.

C'est pour cette raison qu'une représentation nationale
franchement composée sous la seule influence de l'estime
publique, et non d'après les intrigues misérables d'un ministère ombrageux, qu'une assemblée par conséquent réu-
nissant l'élite de toute la population, saura toujours repousser par les réflexions d'une sage prévoyance les avantages apparens ou tout au plus momentanés de parcilles
opérations; la perspective d'un avenir long-temps compro-
mis garantit que la nécessité la plus impérieuse pourra
seule déterminer des hommes prudens à y recourir.

En signalant les abus à proscrire de notre administration financière, il est impossible de donner une approbation tacite à celui de tous vers lequel semble nous entraîner avec une malheureuse préférence, la légèreté, pour ne
pas dire plus, des régulateurs de cette partie de nos destinées; je veux parler de ces spéculations sourdes ou publiques par lesquels nos ministères successifs ne rougissent
pas depuis quelques années de s'associer aux manœuvres de
l'agiotage, et trop souvent par conséquent de l'intrigue et
de la mauvaise foi. Est-il donc de la dignité d'un grand
peuple qu'on descende pour lui à des opérations de cette
nature ? Est-il d'une morale bien sévère de donner au caractère national une pareille direction ? et d'ailleurs
quels fonds un gouvernement peut-il livrer aux chances
d'un jeu aussi délicat? C'est à la veuve et à l'orphelin qu'ils
ont été arrachés ces trésors destinés à d'autres usages. Ce
n'est pas pour alimenter votre agiotage qu'ils ont été ravis
à l'industrie et à la reproduction. Que peut-il arriver définitivement de ce monstrueux abus de tous les principes?
Ou votre position ministérielle vous met à portée de jouer
un jeu sûr par les mesures financières que vous provoquez ou que vous connaissez d'avance; dans ce cas c'est un

piége infame que vous tendez à l'inexpérience, c'est un gain illicite que vous faites sur des malheureux qui deviennent forcément vos victimes; ou c'est à des chances incertaines que vous livrez, comme les autres spéculateurs, des fonds seulement plus considérables : dans cette dernière hypothèse, votre jeu réunit au scandale de l'immoralité toutes les sortes de dangers. Quels avantages, au surplus, avons nous retiré jusqu'ici de ces prétendus bénéfices dont on nous trace des tableaux fantastiques qui n'ont jamais diminué d'un écu la somme de nos sacrifices ? dans quel budget figurent en recettes les résultats de ce commerce ridicule ? Je vois partout des millions en dépenses pour frais de négociations, et nulle part la recette la plus modique pour les faire excuser. Il est tems de mettre un terme, et sous le rapport moral, et sous le rapport économique, à tous les abus; il est temps que le trésor public cesse d'être une maison de banque soustraite par l'obscurité de ses opérations au contrôle des vérifications. Que les fonds employés à des calculs d'avidité inconnus dans les temps ordinaires rentrent dans les coffres nationaux, on ne pourra les y accuser d'inactivité s'ils contribuent à diminuer cette propension universelle à des jeux immoraux, qu'ils ont alimentée, s'ils ne l'ont fait naître. Et ne venez pas, pour perpétuer l'abus que nous signalons, nous étourdir de ce grand mot de *crédit public*, dont il semblerait que vous êtes, par vos calculs mesquins, les seuls régulateurs : vous savez aussi bien que nous que cette hausse progressive, facile par tant de moyens à entretenir, si elle prouve le crédit quand elle est franche et spontanée, accuse au contraire la stérilité des autres genres d'industrie, quand elle est l'effet des intrigues de l'autorité. L'aliment véritable du crédit, c'est la fixité des institutions, la loyauté

de l'administration, et son respect immuable pour ses engagemens. Provoquez sous ces trois rapports la confiance
nationale, et vous verrez vos fonds publics s'entretenir
dans un état de hausse prolongée, sans avoir besoin de
votre intervention. Le garant de leur solidité est dans la
nature même du gouvernement représentatif. Sous cette
sauve garde assurée, il n'est pas même au pouvoir de vos
fausses opérations, de vos doubles moyens de remboursemens (1), de votre masse effrayante de pensions et de sinécures, de l'obscurité de vos comptes, et des profusions
toujours croissantes de vos budgets, il n'est au pouvoir
d'aucune force abusive de les déprécier. Nous voyons depuis long-temps l'égide représentative les garantir heureusement de toutes ces atteintes.

Il est un autre abus sur lequel nous avons dû nous réserver quelques observations, parce qu'étant un des plus
graves qu'il soit possible de signaler en finances, il est
aussi un de ceux auxquels on a semblé vouloir nous accou-
tumer avec le plus d'obstination.

Quoique la présentation moins retardée du budget de
1822 ait pu faire esperér de voir cesser enfin un scandale
dont la répression fut long-temps invoquée sans succès,
comme il paraît néanmoins que des obstacles de plus d'un
genre, que des négociations parlementaires plus ou moins
compliquées, en ont ajourné la discussion pour long-temps ;
comme une réforme momentanée n'est pas d'ailleurs le
gage assuré d'une longue persévérance dans les principes,
et que déjà un nouveau provisoire est venu nous menacer
en ce genre de nouveaux abus, il est bon de signaler au
zèle des deux chambres un danger dont le retour rendrait,

____

(1) Voyez la loi du 8 mars 1814, portant à la fois création d'annuités et crédit de rentes nouvelles pour le remboursement du
premier cinquième des reconnaissances de liquidation.

comme il le fit jusqu'ici , toute leur surveillance illusoire.

Quels que soient en effet le patriotisme et les lumières du corps appelé par nos institutions à statuer sur toutes les parties du système financier , combien cette tâche patriotique lui deviendrait-elle difficile , combien de stériles regrets viendraient-ils remplacer notre confiance en sa sollicitude, s'il nous fallait voir se prolonger indéfiniment une manie dont chaque année vint fortifier jusqu'ici la ténacité, malgré la garantie offerte aussi chaque année par la parole du ministère, et les promesses de l'administration ! Est il un scandale plus choquant sous un gouvernement représentatif, que cette obstination à ne présenter le budget énorme de nos dépenses à ceux qui doivent en arrêter les bases, et en déterminer les détails , qu'à une époque tellement avancée qu'il ne leur est plus possible d'en discuter les défauts, sans augmenter des lenteurs désastreuses, ni d'opérer des réductions nécessaires sans compromettre un service chargé déjà de dépenses consommées ? Aurait il dû être possible de se jouer si longtems de l'esprit positif de notre législation, et de la crédulité nationale ? Quoi ! vous reconnaissez le droit des mandataires du peuple d'arrêter toutes les dépenses auxquelles il doit concourir par ces sacrifices, et c'est quand la plus grande partie de ces dépenses ne peut déjà plus être ni supprimée, ni seulement modifiée, que vous ne craignez pas de venir leur demander une autorisation devenue dérisoire ! Il faut que la représentation nationale se résigne forcément à une facilité qu'elle réprouve , et qu'elle se départe malgré elle d'une sévérité qu'elle juge nécessaire, et que vous lui rendez impossible ! Et l'on oserait nous parler de principes ! et l'on exigerait d'une nation clairvoyante qu'elle crût à des intentions d'économie ! Non, le temps du désordre est passé : ce n'est pas au charlatanisme à lui succéder. Ministres, qui que vous soyez, vous pourrez encore nous présenter un tableau fantastique de votre zèle et de votre activité, chercher à nous bercer d'une impossibilité prétendue, d'une surcharge de travaux apparente; votre travail le plus essentiel est de mettre en son temps le tableau financier de la France sous les yeux de ceux que la France charge de l'examiner en son nom; vous ne laisserez pas se renouveler un abus dont la raison et la France avec elle désavouent formellement le scandale; enfin vous provoquerez désormais une discussion sur tous les détails de la fortune publique, avant que des lenteurs calculées l'aient rendue chimérique, ou nous aurons le droit de croire englouti dans la poussière de votre administration le principe même de votre responsabilité.

Nous ne pouvons terminer ces considérations générales, sans parler des inconvéniens attachés au système que semble avoir adopté notre gouvernement, d'isoler de la dette nationale certaines des parties qui la constituent, de soumettre à des modes différens de comptabilité des créances qui, sous des titres différens, n'en devraient pas moins demeurer homogènes, et faire partie d'une masse uniforme dans son administration! Pourquoi ne pas réunir en un seul point le tableau complet, quelqu'effrayant qu'il puisse être, de notre situation? Pourquoi, par exemple, dans l'état actuel de notre dette, ne pas créer en remplacement de toutes les créances passives qui la composent; telles que les intérêts sur les cent millions payés aux étrangers etc, autant de portions de rentes à ajouter à celles dont le trésor est chargé? Les intérêts de ces rentes nouvelles seraient-ils plus pesans que ceux des créances elles-mêmes, et n'auraient-elles pas l'avantage de se trouver soumises ainsi que les autres à l'action de la caisse destinée à les amortir? Pourquoi ne pas employer aux remboursemens exigibles, toutes les valeurs actives dont on peut disposer, et ne pas créer pour rembourser le reste, dans le cas non probable d'insuffisance , des rentes nouvelles, afin de ramener tout à l'unité dans la dette nationale? Enfin, pourquoi , en conservant des dettes de plusieurs natures , surcharger la comptabilité d'une multitude de détails régis par des règles différentes, difficiles à saisir par l'homme peu exercé à ces sortes d'affaires, qui multiplient nécessairement le nombre des employés, et laissent toujours planer le soupçon sur des opérations dont le premier mérite est de n'y donner aucun prétexte? On affecte de craindre que ces rentes ajoutées aux anciennes ne les déprécient, qu'elles ne portent au crédit un coup de quelque importance. Il me semble qu'elles ne produiraient qu'un effet diamétralement différent. N'est-ce donc rien pour le crédit que cette clarté tout-à-coup répandue sur la situation des finances, que cette certitude de n'avoir au-delà de la dette proprement dite , aucun autre passif qui l'augmente : et la moralité même de l'opération que nous indiquons, ne contrebalancerait-elle pas, et bien au-delà, cette augmentation de dette chimérique? Je dis chimérique , et je crois employer le mot le plus juste; car payer à des créanciers l'intérêt de leurs créances en rentes sur l'état ou de toute autre manière, n'est-ce pas toujours acquitter la même dette? il n'y a que le titre de différent. Il est inutile de s'appesantir ici sur ce principe; mais il a été permis de regretter qu'il ait été méconnu dans la loi du 8 mars 1814, par la création de ces annuités, dont le triple inconvénient était de fournir un double gage à des créanciers , au ministère un surcroît de moyens de corruption , et un aliment de plus à l'agiotage (1). On ne sait si l'on ne doit point avoir à craindre le même résultat de l'ordonnance du 8 juillet dernier, puisqu'en prescrivant la vente de 12,514,220 de rentes appartenantes au trésor, elle n'indique point l'emploi d'un capital aussi considérable.

Loyauté, économie et publicité ; prélèvement sur le luxe et la vanité de la partie des charges qui pèserait trop fortement sur la propriété, l'agriculture, l'industrie et le commerce ; renonciation presqu'absolue à la ressource momentanée des emprunts, qui ne fait que prolonger l'embarras du trésor et la misère universelle ; scrupuleuse exactitude à présenter en son temps à la représentation nationale, le tableau annuel des recettes et des dépenses de la France, dans ses détails les plus minutieux, dans la spécialité la plus rigoureuse ; réunion en une seule partie sous une seule dénomination et sous un seul mode de comptabilité de toutes les fractions de la dette nationale ; telle est en partie l'ensemble des *moyens moraux* sans lesquels il serait impossible, même avec les calculs les plus judicieux, d'assurer une prospérité durable au système financier d'aucun peuple. Sortons maintenant des abstractions, et faisons de ces principes une application spéciale à chacune des parties qui constituent chez nous l'ensemble de la fortune publique. Pour donner à ce travail une marche régulière et faciliter les vérifications, il paraît convenable de suivre l'ordre adopté par le gouvernement lui-même dans la présentation du budget de 1822, et de marcher avec lui

---

(1) On semble avoir senti la force de ce reproche, puisqu'une nouvelle ordonnance prescrit le remboursement en numéraire des derniers cinquièmes de reconnaissances de liquidation, et ne parle plus d'annuités.

dans l'examen détaillé des recettes et des dépenses qui le constituent : nous donnerons, le plus clairement possible, une courte définition de chacune d'elles : en glissant légèrement sur celles que nous reconnaîtrons ne pouvoir être modifiées, nous indiquerons sur les autres les réformes dont elles nous paraîtront susceptibles, nous esquisserons enfin un tableau impartial de la situation financière de la France ; il offrira, nous osons l'espérer, à l'aide de quelques rectifications, une perspective rassurante à la fois pour les intérêts particuliers, et satisfaisante pour le patriotisme. Il est inutile de prévenir que ce n'est point une discussion approfondie que nous prétendons établir sur chacun des articles de la loi proposée, mais un examen sommaire, une exposition abrégée des abus les plus évidens et des réformes les plus nécessaires : tout autre plan demanderait un travail prolongé, et la discussion légale qui s'approche le rendrait à la fois impossible et inutile.

PREMIÈRE PARTIE.

DÉPENSES.

CHAPITRE PREMIER.

De la Dette publique.

(Ce chapitre figure au budget de 1822, pour 188,864,560.)

Par les mots de *dette publique*, on n'entend pas tout ce que doit généralement le trésor, ni les diverses dépenses dont il est annuellement chargé. On est convenu malheureusement de ne comprendre sous cette dénomination que le passif de toute espèce qui, en vertu de lois, décrets et ordonnances, a été converti jusqu'à ce jour en rentes payables de six mois en six mois, et connues sous le nom plus spécial de cinq pour cent consolidés. La dette publique se compose cependant, en outre, de dépenses arriérées, dont le remboursement a été ordonné en effets publics au porteur, connus sous la dénomination de reconnaissances de liquidation, en vertu de différentes lois, notamment celles des 8 avril 1816, et 25 mars 1817. Il est à observer que les porteurs de ces reconnaissances de liquidation avaient le droit, par cette même loi du 25 mars 1817, de se faire inscrire définitivement au grand-livre de la dette publique, ou de se faire rembourser le capital en numéraire ou en inscriptions au cours, par série et par cinquième d'année en année, à partir de 1821.

Mais par la loi du 8 mars 1814 le ministère fut autorisé à émettre des *annuités* jusqu'à concurrence de 60,000,000, formant le premier cinquième à rembourser en 1821, des reconnaissances de liquidation, lesquelles *annuités* formèrent évidemment un double emploi avec un crédit de 3,884,328 francs de rentes, qui ne lui en fut pas moins ouvert par la même loi, pour la même destination, et qui font partie de la somme totale des cinq pour cent consolidés portés au budget de 1821. Ce fut en vain que des orateurs, dont les connaissances en cette partie font autorité, démontrèrent le vice de ce double emploi, que d'autres insistèrent sur la nécessité de ne pas donner cet aliment de plus à l'agiotage déjà trop actif ; le système des annuités prévalut, et les reconnaissances de liquidation offrirent à ceux qui les avaient accaparées un double gage de remboursement. Quant aux quatre cinquièmes restans, une ordonnance du 21 novembre 1821 statue qu'ils seront remboursés en numéraire année par année, suivant l'ordre déterminé par le sort ; et c'est en conformité à cette disposition, que le ministère demande, pour le remboursement du deuxième cinquième à opérer cette année, une nouvelle émission de rentes de 3,400,000.

Autant nous avons regardé comme immorale et inutile cette création d'annuités qui servit de base au remboursement du premier cinquième, autant le mode nouvellement adopté nous paraît, par sa simplicité comme par sa loyauté, conforme aux vrais principes. Nous émettrions même le vœu que tout ce qu'on appela long-temps du nom si bizarre de *dette flottante*, remboursable ou non, fût définitivement confondu par une émission de rentes nouvelles, dans le chapitre unique de la *dette publique*. Rien de plus loyal et de plus facile en même temps qu'une telle opération. Elle consisterait à rembourser avec le capital que doit produire la vente des valeurs actives appartenantes au trésor, conformément à l'ordonnance du 8 juillet, la partie exigible ou non-exigible de cette dette toujours menaçante et jamais fixée, en cas d'insuffisance à y suppléer par la création de rentes nouvelles, et à débarrasser ainsi la comptabilité de tout arriéré, de toute créance passive étrangère ou nationale. Il nous semble avoir prouvé tout-à-l'heure, à la fin de nos considérations générales, que cette émission de nouveaux effets, si elle était nécessaire, aurait à-la-fois le triple avantage de consolider le crédit public, de simplifier la comptabilité, et de rendre plus faciles toutes les vérifications. Ce serait peut-être à la vérité quelques millions à ajouter au chapitre de la *dette publique* (1); mais ils seraient proportionnellement retranchés de chacun des articles spéciaux, où l'on est obligé de les faire figurer. Ce serait alors, et alors seulement que le budget ne se composerait plus réellement que de deux parties très-distinctes, la dette constituée et le service annuel ordinaire. En attendant cette réforme, qui nous paraît indispensable, nous ne pouvons nous empêcher de porter pour 1822 ce chapitre, conformément aux états fournis par le gouvernement, ainsi qu'il suit; savoir :

Cinq pour cent consolidés, y compris les 3,400,000 de rentes nouvelles, pour fournir au remboursement du deuxième cinquième des reconnaissances de liquidation 178,364,560

Intérêts des reconnaissances de liquidation 10,500,000

____

188,864,560

____

C'est à cette nature de dépenses que se trouvent applicables dans toute leur rigueur, les principes avancés plus haut sur la *loyauté*, base première et condition indispensable de tout bon système financier ; c'est sur cette somme de 188,864,56o, variable encore chaque année, suivant la quotité des réunions ou des remboursemens, que les créanciers primitifs ou ceux qui leur ont succédé, ont à-la-fois les droits les plus anciens et les plus sacrés. Une justice plus rigoureuse encore semblerait exiger le remboursement des deux tiers des créances antérieures à la loi du 9 vendémiaire an 6, qui se trouvent éteints par l'effet de la banqueroute immorale proclamée à cette époque : mais nous sommes convenus de prendre les finances de la France au point où nous les ont léguées trente années d'orages et de calamités ; ce n'est pas d'ailleurs la seule injustice que l'on pourrait trouver à réparer. Les confiscations par suite de jugemens iniques, les remboursemens en assignats sans valeur, les pertes occasionnées par un maximum injuste et impolitique, et tant d'autres effets de nos divisions, n'offriraient, sous ce rapport, qu'un champ trop vaste à parcourir : mais les intentions les plus loyales sont forcées de reculer devant l'impossibilité. Ne reculons pas du moins devant le fardeau ainsi allégé de la dette publique ; n'oublions pas tout le discrédit résulté de premières infractions ; et s'il était possible que l'intérêt de la justice ne fût pas tout puissant sur un peuple revenu à toute sa loyauté, que les leçons de l'expérience ne soient pas perdues pour l'avenir qui est devant lui. Au surplus, c'est à un gouvernement re-

---

prescrites par l'ordonnance du 8 juillet, suffirait et au-delà pour cette opération, sans avoir besoin de recourir à une émission de rentes nouvelles.

présentatif que sont remis maintenant nos destins financiers; que le gouvernement établi par nos institutions ne
soit pas un vain mot, et toute banqueroute est désormais
impossible.

Voilà donc les finances de la France irrévocablement
et à jamais grévées d'une rente énorme de 178,364,560 fr.
et quelle perspective si on y ajoute les sommes dont il faudra successivement augmenter cette masse effrayante, tant
pour le remboursement des trois derniers cinquièmes de
reconnaissances de liquidation, que pour le capital et les
arréages de toutes les autres créances passives, soit qu'on
les rattache définitivement au chapitre de la dette publique,
soit que moins raisonnablement on continue d'en former
autant de chapitres particuliers! Quelle source de découragement légitime, si l'on pense aux sommes encore plus
énormes que les besoins de tous les services dans une administration aussi vaste et aussi compliquée, rendront de
plus annuellement nécessaires! Il est impossible de se dissimuler toute la pesanteur d'un pareil fardeau; cependant
comparons notre position sous ce rapport a celle de ce
peuple rival si fier de son opulence et de sa prospérité financière. Voyons en nous-mêmes tous les moyens de satisfaire à nos engagemens anciens, et de pourvoir à notre
entretien journalier, tandis que lui, sous le poids d'une
dette dont il ne lui est plus permis de calculer que les arrérages, et avec une population des deux tiers moins considérable, il ne tire ses ressources que d'un monopole qui
peut un jour lui échapper, qui doit finir bientôt du moins
par ne lui en procurer plus que d'insuffisantes. Portons
nos regards sur cette fertilité d'un sol privilégié que rien
ne saurait nous ravir, sur cette active industrie, caractère
particulier à notre nation, et qu'il serait facile à un gou-

vernement indépendant de toute influence étrangère, de faire tourner fructueusement vers des spéculations nationales, voyons toutes les classes disposées dans l'adversité même à des sacrifices patriotiques, calculons quelle en pourrait être l'étendue dans des temps de prospérité publique, et gardons-nous de désespérer des moyens de diminuer par dégrés l'énormité de notre dette nationale.

Telles sont les seules considérations sur lesquelles je pourrais me contenter de baser quelques lointaines espérances, si nous n'avions une institution qui seule et indépendamment des ressources que je viens d'indiquer, suffit pour remplaoer ces calculs de simple probabilité par une certitude mathématique dont rien ne saurait plus nous ravir les heureuses conséquences ; car il est permis de regarder une infidélité matérielle, comme aussi impossible qu'une banqueroute sous un gouvernement représentatif. On voit assez qu'il s'agit de la caisse d'amortissement ; c'est à elle que doit être naturellement consacré le chapitre qui succède à celui de la dette publique.

CHAPITRE II.

Caisse d'Amortissement.

(Ce chapitre est porté au budget de 1822 pour 40,000,000.)

La caisse d'amortissement destinée à éteindre progressivement le fardeau de la dette nationale, est une de ces institutions qui marquent le passage d'un état de crise politique à une période d'espérance et de réparation : c'est à la suite des orages d'une révolution dans laquelle les principes financiers n'avaient pas été respectés plus que tous les autres, au moment ou l'épuisement le plus absolu semblait ne laisser d'autre perspective que la violation des engagemens par l'impossibilité d'y satisfaire, que le besoin fit naître une de ces conceptions d'ordre supérieur destinées a influer à jamais sur le sort des empires, et à marquer de leur influence toute la durée qui leur est réservée dans le cours des siècles. Cette assertion sera justifiée par l'exposition des ressources de la caisse d'amortissement et par ses résultats.

Elle fut primitivement instituée le 6 frimaire an 8, et dotée alors des fonds provenant du cautionnement des receveurs généraux, et des arrérages des rentes viagères et pensions ecclésiastiques à mesure de leur extinction. La liquidation et dissolution de cette première caisse furent ensuite prescrites par la loi de finances du 28 avril 1816, qui en établit une autre qu'elle dota du revenu des postes, et d'un supplément à fournir en cas de besoin par le trésor royal, jusqu'à concurrence de 14,000,000, plus, d'une somme de 6,000,000 à verser par douzième de mois en mois, aussi par le trésor royal; enfin la loi du 25 mars 1817 porta la dotation de la caisse d'amortissement à 40,000,000, et c'est définitivement à cette somme qu'elle fut annuellement fixée dans tous les budgets subséquens. Elle fut en outre autorisée par la même loi du 25 mars 1817, à aliéner à son profit 150,000 hectares de bois de l'état dans le cours de six années; et déjà le 31 décembre 1821 elle en avait vendu 98,299 h. 20 a.; le reste, aux termes de la loi, doit être aliéné dans les trois années suivantes.

Au moyen de ses dotations do chaque année depuis sa réorganisation, de la vente des bois qu'elle a déjà aliénés, et des arrérages des rentes qu'elle a rachetées, il ne sera pas sans intérêt d'embrasser d'un coup-d'œil l'ensemble de sa situation. Elle était au 31 décembre 1821, ainsi qu'il suit.

Elle avait reçu................ 335,114,484 fr. 76 c.

Elle avait dépensé en rachats de rentes 333,638,700 07

Il lui restait en caisse........ 1,475,784 69

Somme égale.......... 335,114,484 76

Elle avait racheté en rentes... 23,047,644 »

C'est dans cette situation actuelle, et avec les moyens d'accroissement que lui garantissent sa dotation non interrompue, et le prix des bois dont il lui reste à disposer, que la caisse d'amortissement s'applique avec persévérance à remplir le but de son institution. On ne peut que rendre justice au bon orde de ses opérations, comme à la clarté des comptes qu'elle en rend chaque année à la représentation nationale. Jalouse de faire tourner au profit de l'amortissement le plus prompt toutes les ressources mises à sa disposition, elle n'en distrait pas même les sommes que doivent nécessairement absorber les frais de son administration ; c'est sur les bénéfices résultant de la caisse des dépôts et consignations, placée sous la même surveillance par la loi du 25 mars 1817, qu'elle pourvoit à cette dépense, et rien n'est ainsi détourné des fonds affectés à l'amortissement.

Ce n'est pas sans un sentiment de plaisir patriotique que l'on entrevoit dans un avenir peu éloigné les résultats de cette belle institution ; non-seulement elle éteindra progressivement cette dette énorme, la plaie la plus profonde de la France, mais applicable à de funestes possibilités, elle indique d'avance un remède assuré, si des circonstances malheureuses pouvaient amener encore un pareil épuisement. Elle pallie les effets de ces emprunts qui, toujours désastreux, n'en sont pas moins quelquefois inévitables. Craignons seulement que la perspective de remboursemens moins difficiles ne rende les gouvernemens plus disposés encore à en abuser. La propension la plus naturelle aux hommes chargés d'administrer la fortune publique est rarement l'économie, et l'abondance des revenus nationaux est trop souvent pour eux la tentation d'en dissiper davantage. Une crainte de cette nature, si elle venait à se réaliser, diminuerait bien quelque chose des avantages attachés à l'amortissement ; c'est au corps représentatif, chargé de contenir le pouvoir dans les bornes d'une administration régulière, d'interposer entre lui et les contribuables l'obstacle de sa surveillance patriotique. Dans cette confiance, gardons-nous d'ôter à cette précieuse ressource aucun de ses alimens. « Si seulement pendant une série » de dix années, disaient au commencement de 1820 les » commissaires surveillans de cet établissement vraiment » national, l'amortissement français continuait de dis- » poser des ressources dont il a profité en 1819, il aurait

» en 1829, absorbé 78,192,227 fr. de rentes, dans l'hy-
» pothèse même, plus désirable peut être que probable,
» où, par une hausse successive, les cinq pour cent auraient,
» en 1825, atteint le prix de cent f. pour cinq f. de rentes,
» et s'y maintiendraient pendant les quatre années sui-
» vantes. » Supposez une hausse probablement moins
rapide, et calculez en conséquence. Il est juste de faire
observer que la prédiction des commissaires surveillans
fut loin d'être démentie par les opérations de 1820, car
la conséquence de leur calcul progressif était seulement
pour cette époque le rachat d'une somme en rentes de
18,339,650, et dans la réalité, il s'était élevé à celle de
18,506,382. Ce n'est pas au surplus une de ces vaines as-
sertions avancées par la forfanterie et accueillies par la
crédulité; la justesse en est démontrée par des calculs de
mathématiques rigoureux, dont il dépend de chacun de
vérifier l'exactitude; et déjà au 31 décembre 1821 les
23,047,644 f. de rentes rachetées prouvent que ce résultat
futur ne peut plus être chimérique. Il appartiendra aux
législatures qui se succéderont de fixer l'époque où, en
cessant de verser à la caisse d'amortissement tout ou partie
des 40,000,000 montant annuel de sa dotation, et en la
laissant à ses propres ressources pour continuer son ouvrage, la génération actuelle pourra être admise à recueillir
quelques-uns des fruits de cette institution qu'elle a fondée.
Il me semble que ce moment ne peut guère devancer celui où, par la progression toujours croissante de ses opérations, elle aura consommé l'amortissement d'une rente
égale de 40,000,000; c'est alors que pourra se concilier
l'heureuse faculté de décharger les contribuables de cette
somme qu'ils auront payée huit ou neuf années, avec la
continuation d'un service qui doit finir par faire disparaître

tout-à-fait le fardeau de la dette nationale. Jusques là c'est en perspective qu'il est sage de considérer les résultats de l'amortissement, et la demande faite à la session de 1820, de retrancher dès à présent 20,000,000 des 4o qui forment sa dotation, ne pouvait échapper au blâme d'étonnement qu'elle a généralement encouru : si la France, au contraire, n'avait à porter que de ce côté seul toute sa sollicitude, si la guerre, la marine et les autres services ne réclamaient pas des améliorations dispendieuses, rien ne pourrait nous dispenser d'augmenter encore aujourd'hui les sommes accordées à la caisse d'amortissement pour rendre plus prompte une entière libération. Mais dans la nécessité de ménager la quotité totale de nos dépenses, ne diminuons pas du moins celle dont les résultats doivent être de si grands avantages. Laissons pour quelques années encore la dotation dont il s'agit fixée à 4o,ooo,ooo, c'est une de nos dépenses les plus véritablement économiques; tout scrupule à cet égard serait inconséquent, toute réforme illusoire et désastreuse.

CHAPITRE III.

Liste civile.

Elle figure au budget de 1822 pour 34,000,000.

Ce chapitre motive peu d'observations : la somme de 34,000,000 , savoir , liste civile 25,000,000, famille royale 9,000,000, considérable sous certains rapports , est digne du peuple généreux qui en fait l'hommage ; elle est convenable pour maintenir l'éclat dont il veut que soit entouré celui qui tient dans ses mains le premier anneau de la souveraineté. Il est cependant une observation qui doit trouver place dans cet examen ; bien que l'art. 23 de la Charte porte : « *La liste civile est votée pour toute la durée du règne par la première assemblée législative assemblée depuis l'avénement du Roi ;* bien que cette formalité ayant été remplie le 8 novembre 1814 , tout puisse paraître consommé sous ce rapport, cependant il est permis de penser que l'événement funeste qui a privé la famille royale d'un de ses membres, et la France d'un de ses princes, aurait dû, sinon apporter à la fixation de la liste civile quelques modifications que la naissance d'un autre prince rendait en effet impossibles, du moins fournir aux deux chambres le triste dédommagement de donner une preuve nouvelle de leurs sentimens, en renouvelant l'acte même de cette fixation. Faisons un moment la douloureuse supposition que par une fatalité semblable à celle qui marqua l'époque d'une régence mémorable, il ne restât de toutes les branches d'une tige auguste que la principale ; supposons, sans nous appesantir sur cette pénible idée, que des trois rejetons vivans pour entretenir de si belles espérances, il n'en reste plus qu'un seul, cette circonstance ne nécessiterait-elle pas de nouvelles dispositions de la représentation nationale? Tout changement heureux ou funeste dans le nombre ou dans l'état des membres de la famille royale doit, régulièrement parlant, amener une nouvelle décision; et ce principe a déjà tellement été reconnu, que lors du mariage de ce même prince infortuné, l'objet aujourd'hui des pleurs de la patrie, ce fut une délibération des chambres qui détermina l'augmentation des sommes destinées à l'entretien de sa maison. Au suplus, ces observations ne peuvent avoir d'autre but que de régulariser mieux cet hommage national. Rien n'eût été changé probablement à cet égard, et les mêmes sommes figureraient sans doute au budget que nous discutons.

Observons de plus, non pour en faire l'objet d'une réforme, mais pour établir que la liste civile en est mieux proportionnée à notre dignité nationale, que la maison militaire du Roi n'est point comprise dans les dépenses à sa charge : mais il en est quelques autres qui devraient, en justice rigoureuse de comptabilité, être acquittées sur cette nature de fonds particulière, puisque c'est au service personnel du monarque ou de sa famille qu'elles sont affectées. Elles seront au reste signalées à mesure qu'elles se présenteront dans cet examen.

Il n'y a donc à proposer sur cet objet ni augmentation ni diminution : il figure au budget, comme on l'a déjà vu, pour une somme de 34,000,000.

CHAPITRE I V.

Présidence du Conseil des Ministres.

Le budget de 1822 demande pour cette nouvelle espèce
de juridiction, dont l'établissement est du 20 février 1820,
un somme de 180,000 f. , savoir, pour le traitement du
président du conseil , 150,000 f. et 30,000 f. pour les frais
de ses bureaux.

Depuis la présentation du budget et lors du changement
opéré dans la composition du ministère , il n'est plus question d'un président du conseil des ministres : mais comme
la présidence ne se trouve point officiellement supprimée ,
les observations auxquelles elle peut donner lieu trouvent
leur place ici tout naturellement.

Il serait difficile d'appliquer plus justement qu'à
cette espèce de dépense le principe d'économie développé
dans les considérations précédentes. Conçoit-on, sous un
gouvernement représentatif, un ministère sans attributions fixes, sans portefeuille, sans signature, et par conséquent sans responsabilité ? C'est une de ces brillantes sinécures qui peuvent être accordées par l'affection personnelle ou la reconnaissance du monarque, mais dont le
trésor public ne peut être chargé, sans que tout soit in-
terverti dans l'ordre général de la comptabilité; l'idée de
ministère emporte rigoureusement dans nos institutions
l'idée de responsabilité, le principe en est formellement
reconnu par la Charte, art. 13 : *La personne du roi est
inviolable et sacrée ; ses ministres sont responsables.* Où
il n'y a pas responsabilité il n'y a donc pas ministère, et

les fonds votés pour un ministère sans responsabilité sont une infraction à la charte, et par conséquent un abus; que, nommé par le roi pour présider le conseil, l'homme d'état investi de cette marque honorable de sa confiance perçoive sur la caisse particulière du monarque tel traitement qu'il aura cru y devoir attacher, nous respecterons cet emploi de fonds qu'il n'appartient à personne de discuter les fonds de la liste civile sont entre les mains du souverain affranchis de toute influence, libres de toute responsabilité; mais fidèles aux principes consacrés par le pacte fondamental, comme aux règles d'économie prescrites par notre situation financière, nous persisterons à soutenir que cette dépense est une de celles qui doivent disparaître du budget des dépenses nationales; qu'elle est une inconséquence si on la considère dans son opposition avec le contrat solennel qui nous régit, une superfluité, si on fait attention à la nullité des fonctions du président des ministres quant au service public, et une profusion condamnable en la rapprochant de l'épuisement actuel des ressources de la France. Il est inutile de s'appesantir davantage sur ces vérités qui n'ont pas besoin de démonstration. Si cependant nous pouvions ajouter une autre considération, c'est que jusqu'à ce jour, au milieu des périodes les plus brillantes de notre histoire, et quand notre territoire plus étendu, nos relations plus multipliées, et notre influence plus puissante exigeaient probablement plus d'extension dans les ressorts de notre administration, la présidence du conseil ne fut jamais une juridiction isolée, que l'expérience n'en avait point jusqu'à ce jour fait soupçonner la convenance, encore moins la nécessité, et que le moment qui succède à des désastres qui doivent ajourner pour long-tems la prodigalité, avait peut-être été mal choisi pour ajouter cette charge nouvelle au fardeau de nos sacrifices.

Les ministres eux-mêmes ont si bien reconnu la solidité des motifs que firent valoir les orateurs de l'opposition pour supprimer cette dépense, que ni dans la session de 1819 où elle fut présentée pour la première fois, ni dans celle de 1820, ils n'essayèrent même de les combatttre. C'est à l'aide de cette majorité dont aucune délibération n'avait encore si bien constaté la docilité, qu'ils parvinrent à faire mépriser des objections auxquelles on n'avait pas seulement répondu ; c'est par ce moyen généralement commode pour l'administration , que fut emportée cette institution regardée par les plus savans publicistes comme inconstitutionnelle. En vain se rejetterait-on , d'après le seul argument essayé dans le temps par cette majorité, sur le droit qu'a le Roi de nommer ceux qu'il veut mettre à la tête de l'administration , et sur la prétendue responsabilité dont le président du conseil n'est pas exempt quant aux actes qu'il a contresignés : d'abord, comme tous les actes administratifs se rapportent spécialement à quelqu'un des autres ministères, on ne voit pas trop, à l'exception de quelques circulaires ou instructions pour la forme , quels sont les actes qu'il peut revêtir de son contre-seing particulier : quant au droit du monarque d'investir qui bon lui semble de sa confiance, il n'a rien de commun avec l'allocation de fonds à faire par les chambres; et si cette allocation était la suite nécessaire d'une ordonnance, la représentation ne serait plus qu'un vain mot; car on n'aurait pas besoin de son assentiment qui , devenu forcé, comme on le suppose, deviendrait par la même illusoire. Les ministres devraient bien en général se départir de cette habitude qu'ils ont contractée de faire sans cesse intervenir le nom sacré du monarque entr'eux, et les actes de leur administration : le monarque est infail ible, le ministre qui contresigne une ordonnance en est responsable, et celui qui a attaché son nom à celle qui établit un président du conseil, n'en serait pas plus exempt que les autres, s'il était vrai qu'elle violât des lois positives. Au surplus, il ne s'agit pas d'intenter ici une accusation, il est question de discuter une dépense; celle qui nous occupe, en supposant qu'elle puisse repousser le reproche d'inconstitutionnalité, ne saurait éviter celui d'être complétement inutile, et l'état actuel du trésor ne lui en permet aucune de cette nature. Nous proposerons donc de rayer définitivement la présidence du conseil du tableau des dépenses nationales : il en résultera déjà sur leur masse une économie de 180,000 fr.

Avant de terminer ce chapitre, il est convenable de s'occuper un instant des sommes absorbées par le traitement personnel de chacun des ministres chargés spécialement d'un département. Comme il doit figurer dans tous les chapitres suivans, ce sera un objet expliqué pour n'y plus revenir. Quelque forte que puisse paraître au premier coup-d'œil la rétribution qui leur est allouée, des considérations plus fortes que l'économie, ou en harmonie avec elle, doivent rendre très circonspect sur tous les projets de rien diminuer à cet égard : il faut que l'homme placé à la tête d'une grande administration, soit assez fortement rétribué pour laisser supposer qu'il n'aura pas de coupables tentations avec tant de facilité pour y succomber ; il faut en outre qu'il ne puisse calculer mesquinement sur les frais d'une représentation dont le poste même qu'il occupe lui fait un devoir. Il faut que tous les fonctionnaires d'un certain ordre dépendans de son ministère, connus de lui personnellement autant qu'il est possible, et recevant directement de lui leurs instructions avant leur installation, reçoivent aussi dans un accueil toujours dispendieux la preuve de la considération qu'il a pour leur caractère, du prix que met le gouvernement a leurs fonctions. Qu'il mette la dignité convenable dans ces sortes de relations, qu'il soit, dans cette nature de dépense, honorable sans cesser d'être judicieux, il lui restera sur le traitement qu'il reçoit peu de fonds disponibles pour alimenter des intrigues, pour corrompre des mandataires, enfin, pour tant de dépenses qui sont à la fois des scandales et des dangers. L'allocation de 150,000, toute considérable qu'elle puisse paraître d'abord, n'est donc pas au-dessus des convenances, elle n'est susceptible d'aucune diminution. C'est sur les frais alloués pour leurs bureaux et l'intérieur de leur administration, qu'il est possible de signaler des réformes à opérer; c'est en examinant les détails de chaque ministère, que ce principe d'économie trouvera son application; abordons les successivement dans l'ordre qu'ils occupent au budget arrêté chaque année par la représentation nationale.

CHAPITRE V.

Ministère de la Justice.

(Ce ministère figure au budget de 1822 pour une somme de 18,000,000.)

Il n'est pas, généralement parlant, un des plus susceptibles de rigoureuses économies ; il en est cependant quelques-unes à indiquer, et c'est en examinant successivement, ainsi que nous le ferons pour les autres ministères, chacun des chapitres de son budget particulier, que nous indiquerons les réformes dont il peut être susceptible.

Chapitre Ier, *Administration centrale*, 776,000.

Je trouve d'abord dans ce chapitre un sous-secrétaire d'état, et c'est ici le lieu d'examiner cette superfétation d'emplois de luxe plutôt que d'utilité, qui rend illusoire tout projet de réforme , et impossible toute économie. A quoi bon des sous-secrétaires d'état, quand il est bien reconnu que l'on savait s'en passer dans des temps où l'administration était beaucoup plus vaste et plus compliquée , quand le système de la responsabilité admis en principe, s'il ne l'est en application, rend illégale et ridicule un sous-ministère sans responsabilité dans un ministère responsable : enfin quand il n'est point de chef de division qui ne fît largement le travail d'un sous-secrétaire d'état, à plus forte raison quand ce travail peut être réparti entre tous les chefs de division, suivant les différentes attributions qui leur appartiennent? Il faut bien, dit-on, qu'un sous-secrétaire d'état remplace le ministre, quand il est forcé d'aller passer aux chambres une partie du temps qu'il donnerait aux affaires; mais ne savons nous pas bien que , pour toute affaire de détail ou de localité , un ministre se contente ordinairement de signer, et que tout le travail se fait dans les bureaux avant qu'il n'y donne la sanction de sa signature : d'ailleurs il ne tient qu'aux ministres d'abréger la durée des sessions. Qu'ils présentent le budget en temps utile, qu'ils cessent de se jouer de la patience des chambres en les laissant tro's ou quatre mois dans une oisiveté absolue, et ils retrouveront une grande partie du temps nécessaire aux soins de leur administration ! Dira-t-on qu'il faut bien quelqu'un pour répondre en l'absence du ministre aux nombreux solliciteurs qui se pressent dans ses antichambres? Nous répondrons qu'un sous-secrétaire d'état est rarement plus accessible que le ministre lui-même, et que c'est aux chefs de division que préfèrent s'adresser ceux qui ont des droits à faire valoir, et des affaires à solliciter. Portons donc en économie pour cet objet, 4o,ooo fr.

Quant a l'intérieur des bureaux de ce ministère, il est juste de reconnaître que la dépense en a été considérablement diminuée depuis quelques années. Le nombre des employés a été réduit d'un quart depuis 1814, les autres dépenses dans une égale proportion, et si quelques réformes sont encore possibles, ce qui est dans toutes les administrations une règle à-peu-près sans exception, elles ne produiraient, en résultat général , qu'une économie si modique qu'il serait minutieux d'en faire l'objet spécial d'une observation.

Chapitre II. *Conseils du Roi*, 9oo,ooo fr.

Après le service intérieur , se présentent les ministres d'état, membres du conseil privé, et le conseil d'état : pour commencer par les premiers, il est permis de contester que ce soit au trésor public à payer les conseillers privés du monarque, ceux mêmes qu'il juge convenable d'investir honorifiquement de ce titre, après les avoir dépouillés d'un ministère spécial, quelquefois pour cause de mollesse ou d'incapacité; sans discuter s'il n'y a jamais que justice rigoureuse dans ces sortes de compensations, si tous les hommes qui ont occupé des postes éminens ont droit, malgré la fortune personnelle avec laquelle ils se retirent d'ordinaire, à des traitemens ou à des indemnités qui l'augmentent, on se bornera à soutenir que le prince étant le seul qui profite de leurs services, c'est à lui seul à les reconnaître. Il est juste cependant de faire une distinction entre ceux de ces ministres-conseillers qui, riches de patrimoine ou d'économies, ou touchant d'autres appointemens pour d'autres fonctions, réunissent tous les avantages de l'aisance ou de la fortune, et ceux qui par une circonstance beaucoup plus rare, pauvres après de longs services, et chargés simplement d'un titre honorifique sans appointemens ni rétribution, imposeraient à la reconnaissance publique des obligations particulières; c'est à ceux-ci seuls que peuvent être dues des indemnités nationales, et ce n'est point sous la forme de traitemens, mais à titre de pensions, comme l'a dit justement M. le rapporteur de la commission des dépenses en 1819, qu'elles devraient être stipulées. Les autres s'empresseraient d'offrir gratuitement au monarque les conseils de leur expérience, ou n'en recevraient le prix que de sa munificence particulière. Il paraît donc juste de faire disparaître cette dépense fixée à 265,500, sauf à en transporter une faible partie au chapitre des pensions légitimes; économie......... 265,500

Passons maintenant au conseil d'état. On ne peut nier

que les membres de ce conseil qui attend encore son organisation législative, chargés d'éclairer le monarque sur
la proposition des lois dont il a l'initiative, ne puissent être
considérés, sous ce rapport, comme des fonctionnaires publics à salarier sur les revenus nationaux; mais la somme à
consacrer à cette dépense a été portée à 634,5oo francs.
Or, j'ouvre l'Almanach royal, et je trouve en service ordinaire vingt-six conseillers d'état, occupant pour la plupart d'autres emplois plus ou moins considérables, et trente-
six maître des requêtes; le secrétaire-général et les bureaux font partie du chapitre précédent. Sans prétendre,
en fixant positivement le traitement de chacun, empiéter
sur les attributions de l'autorité, sera-t-il trop sévère de
fixer à 55o,ooo la dépense applicable à ce chapitre, surtout si l'on admet le principe que le cumul de plusieurs
fonctions différentes doit être de quelque considération
dans le traitement à leur attribuer, si l'on considère en
outre les vacances de plusieurs mois, par mort, démission,
ou autrement? Voilà donc encore une économie rigoureusement juste, de...................... 84,5oo

Chapitre III. *Cour de Cassation,* 984,3oo.

La cour de Cassation n'ayant coûté en 1819, d'après le
compte rendu, que 958,362 francs 44 centimes, on ne
voit pas la cause qui peut avoir déterminé les années der-
nières, et pourrait déterminer encore cette année, à faire,
pour le même objet, des fonds plus considérables : portons
donc en diminution................ 25,937 fr. 56 c.

Chapitre IV. *Cours et tribunaux,* 12,720,5oo.

Le traitement des juges et frais de parquet étant déterminés par des lois et réglemens, et d'ailleurs plutôt insuffisans que trop considérables, il serait difficile de pro-

poser des réductions, sans compromettre le service dont il s'agit : c'est à la représentation nationale à exiger chaque année le compte des vacances par différentes causes ; cependant il est permis de déplorer la nécessité où l'on croit être chaque année, d'augmenter le nombre déjà si considérable des fonctionnaires ; c'est pour 1822 un accroissement de 120,000 dans cette partie des charges de l'état, et peut être était-il possible de l'ajourner à des temps plus heureux.

Chapitre V. *Frais de parquet*, 80,600.

Rien à déduire sur ce chapitre.

Chapitre VI. *Dépenses imprévues*, 18,600.

La somme fixée pour ce chapitre ne semble pas excéder de beaucoup celle des besoins ; elle a été en 1819, d'après le compte rendu, de 22,486 fr. 50 c.

Chapitre VII. *Frais de justice*, 2,520,000.

Il est impossible d'examiner ce chapitre sans parler des abus auxquels peut donner lieu la disposition pour un tel objet de sommes si considérables. Comment ne pas restreindre de beaucoup la somme demandée, quand l'on voit constater, par des actes publics, l'emploi arbitraire et illégal auquel elle est trop souvent consacrée? Est-ce pour saisir et envoyer dans la capitale des correspondances qu'on est forcé, après des jugemens solennels, de remettre aux lieux où elles avaient été prises? est-ce pour transporter à des distances éloignées de leur domicile des accusés destinés à être absous définitivement? est-ce pour faire venir de points éloignés une foule de témoins inutiles ou insignifians? est-ce pour envoyer partout des agens, de concert avec la police, pour provoquer des révélations, qu'il faut mettre à la disposition d'un ministre le produit de l'impôt de plusieurs communes? En retranchant de ce chapitre ce qu'ont dû coûter de tels emplois qu'il est impossible de contester, on serait fondé à demander au moins 5oo,ooo d'économie : pour ne pas être accusés d'entraver le service, sous prétexte de le régulariser : ne portons ici que la moitié, nous aurons encore.................... 25o,ooo.

Il résulte donc de l'examen du budget particulier de ce ministère, un de ceux à réduire le moins dans ses prétentions, la nécessité indispensable de le soumettre aux économies suivantes :

Chapitre premier........................ 4o,ooo
Chapitre 2............................. 35o,ooo
Chapitre 3............................. 25,937
Chapitre 7............................. 25o,ooo
                                        ————————
                                        665,937

Et par conséquent de le réduire à la somme de. 17,334,o63

CHAPITRE V I.

Ministère des affaires étrangères.

(Ce chapitre figure au budget de 1822 pour 7,870,000.)

Si la représentation nationale n'avait d'autre droit financier que celui de voter ou de refuser en aveugle les fonds demandés pour les dépenses de chaque ministère, il faut avouer que celui-ci ne présenterait pas beaucoup plus de matière que le précédent à des économies très-considérables. Ce n'est qu'en rapprochant son administration de ses résultats politiques, qu'il peut paraître regrettable de voir consacrer à un système peu conforme à la dignité nationale, des fonds qu'il serait possible d'employer avec plus de grandeur et d'utilité. Malgré la défaveur avec laquelle fut entendu dans la session de 1820, par les partisans du ministère, un orateur consommé dans la science diplomatique, malgré la légèreté avec laquelle on ne craignit pas de répondre à ses reproches, il n'en reste pas moins démontré que dans des principes opposés à ceux de ce grand ministre, dont la politique obstinée était d'empêcher la maison d'Autriche de prendre pied en Italie, notre ministère n'a pas rougi d'attacher son nom au manifeste d'une guerre qui met cette puissance à nos portes, qu'il a conclu un concordat anti-patriotique, qui pour n'avoir pu être proposé à l'approbation des chambres, n'en sert pas moins de base aux espérances des ultramontains; car il est encore des Français assez aveugles dans un fanatisme inexplicable, pour préférer aux droits de leur pays et de leur souverain, les prétentions d'un pontife étranger; il n'est pas moins évident que le ministère dont il s'agit a négligé toutes les occasions de former avec l'Amérique du sud, et de renouer avec Saint-Domingue des traités avantageux à notre commerce, qu'il a laissé anéantir dans le Levant des capitula-tions favorables à la France, que tous les consulats sous sa direction ont laissé persécuter ceux qu'éloignait de leur pays, en attendant le rappel du monarque, la réalité de leurs torts pour quelques-uns, pour un grand nombre d'autres, la fatalité des circonstances.

Il est incontestable qu'au lieu d'une intervention favorable au christianisme comme à la civilisation, qu'au lieu d'une entremise telle que l'Europe la devait attendre de la force et de la dignité d'un grand peuple, nous n'avons eu dans ces derniers événemens, qui préparent peut-être à la Grèce un éternel esclavage ou une entière extermination, d'autre part que la neutralité de l'impuissance, l'apathie de la peur, ou la connivence d'une basse et fausse politique.

Si tous ces reproches adressés au ministère des affaires étrangères, sont aussi fondés en effet qu'ils le paraissent à bien des yeux, il faut avouer que jamais dépenses ne furent aussi regrettables que celles affectées à de pareils emplois; ce n'est pas du moins un motif pour examiner chacun des chapitres de cette partie du budget avec moins de scrupule et de sévérité.

Chapitre Ier. *Service intérieur*, 740,000.

Il est inutile de répéter ici ce qui a été dit pour le ministère de la justice, relativement au traitement d'un sous-secrétaire-d'état. Les principes d'économie qui ont fait rejetter cette sinécure abusive pour une des parties du service public, reçoivent naturellement leur application pour toutes les autres, et si dans quelque branche particulière de l'administration on pouvait en reconnaître la nécessité, ce serait une exception qui, probablement, ne se présentera pas même à notre examen. Rayons donc déjà pour cet objet une somme de 40,000 francs, sans craindre d'imposer aux relations extérieures des entraves plus réelles, que nous n'en avons imposées dans le chapitre précédent à la justice.

Pourrait-il y avoir trop de sévérité à appeler aussi l'attention dans le même chapitre sur les 700,000 restans, pour le service intérieur des bureaux? Ne peut-il pas paraître extraordinaire, ainsi que l'avait fait observer un orateur, dans une précédente discussion, que les frais d'administration centrale montent à près de dix pour cent de la dépense totale de ce ministère? Un pareil état de choses ne dénote-t-il pas évidemment ou prodigalité dans les appointemens, ou gaspillage dans les fournitures, ou multiplicité d'emplois abusive? Pourquoi d'ailleurs une augmentation de 15,000 sur cette dépense, qui avait été réduite, par le dernier budget, à 685,000? Ne craignons pas, en défalquant le traitement du ministre, sur lequel nous avons déclaré ne point vouloir provoquer de diminution, de réduire les 550 mille francs restans à la somme ronde de 500,000 : il est impossible, sous ce rapport, de nous accuser de parcimonie, seconde économie 50,000.

Total sur ce chapitre, 90,000.

Chapitre II. *Service extérieur*, 5,630,000 fr.

C'est ici le lieu de placer une observation qui pourrait se renouveler à-peu-près à chaque article du budget que nous discutons. Conçoit-on que chaque année, au lieu de soumettre à des économies successives les diverses branches du service financier, soit marquée au contraire par des

augmentations nouvelles, que ne motive aucun besoin, que re-
pousse notre position, et qui doublent à-la-fois le scandale
des abus, et la misère des contribuables? Ce chapitre était en
1819 de 5,263,500, en 1820 de 5,520,000, et le voilà, tout-à-
coup, en 1821 et 1822, augmenté encore de 110,000. En vain
motiverait-on, comme l'année dernière, cet accroissement de
dépenses sur une nouvelle ambassade envoyée au Brésil, tout
le monde sait qu'il n'y a point paru jusqu'ici d'ambassa-
deur, et le retour du Roi en Portugal en rend l'envoi ul-
térieur, parfaitement inutile. Il figurait d'ailleurs en 1820
comme en 1821, sur l'Almanach royal, il n'y a pas lieu
de douter qu'il ne figurât de même sur l'état des appointe-
temens, et cependant on ne demanda pas alors l'augmentation de 110,000 réclamée plus tard. Au surplus, cette dépense fut-elle même autorisée, elle pourrait et devrait
être largement compensée par les économies à faire sur
des pensions ou traitemens d'inactivité, sans droits et sans
titres réels, prodigués dans ce ministère plus encore que
dans tous les autres. Et que les partisans de toute infaillibilité ministérielle ne viennent pas se récrier sur la har-
diesse prétendue de cette assertion; elle ne leur serait pas
opposée, si cette foule de pensions, par un privilège illégal, ne se dérobaient pas au grand jour de la publicité, si,
soumise comme toutes les autres à une règle fixe de comptabilité, elles étaient inscrites au livre des pensions nationales, payées par le ministre qui en est chargé, et assujetties à un même contrôle, comme à une même responsabilité. En attendant cette mesure qui dégrèverait d'une
somme considérable le service des relations extérieures,
sans obérer le trésor dans la même proportion, puisqu'il
est beaucoup de pensionnaires de faveur qui n'auraient aucun titre pour s'y faire inscrire, remettons les choses

dans le même état qu'en 1820, malgré le droit que nous aurions peut-être de remonter à 1819, et sans renoncer, pour la suite, à d'autres économies, faisons dès à présent celle de 110,000 fr.

Chapitre III. *Service supplémentaire*, 1,500,000.

Ne laissons pas passer ce chapitre sans examiner un de ses articles porté à la somme énorme et nullement justifiée de 700,000 : est-il à-la-fois bien moral et bien économique de venir demander à un peuple connu par sa franchise dans les négociations, un fonds de dépenses secrettes aussi considérable, je dirais presque aussi scandaleux? Et toutes les conjectures ne deviennent-elles pas autorisées, quand l'emploi de ces fonds, accordés sous une dénomination aussi vague, n'est pas éclairci davantage dans des comptes où l'on semble s'occuper beaucoup du résultat total, et très-peu des détails qui les composent? Quelles peuvent être, au surplus, ces dépenses secrettes malheureusement concevables dans le budget d'un ministre de la police, mais véritablement inconvenantes, pour la plupart, dans celui du ministre des relations extérieures ? S'agit-il de quelques missions trop délicates, pour que l'objet en soit proclamé? Mais, outre que tant de réserve est ordinairement inutile, quand il s'agit de négociations avouées par l'équité, ou commandées par une judicieuse politique, ce sont, sans doute, ces cas non prévus qui sont spécifiés dans l'article des *missions extraordinaires*, et nous n'en faisons l'objet d'aucune contestation, malgré certaines explications qu'il serait peut-être permis de réclamer à cet égard. S'agit-il de ces intrigues obscures que se permettent les gouvernemens, en se ménageant la ressource de les désavouer ? Ce n'est point un peuple loyal qui se résignera à supporter une dépense aussi ignominieuse ; et survint-il quelque circonstance où un grand intérêt pût faire excuser, jusqu'à certain point, de passer par-dessus les scrupules, ce n'est pas sans doute à des frais aussi énormes que pourrait conduire une {pareille nécessité. On parlera peut-être de cette armée d'espions dont un négociateur doit se résoudre maintenant à marcher sans cesse entouré, de la nécessité où il est d'entretenir aux frais de son gouvernement, de ces traîtres gagés qui puissent lui signaler en tout tems, ou les piéges que l'on tend à sa crédulité, ou les perfidies qu'on prépare contre lui, ou les infractions projettées à des traités qu'on a consentis. Mais oublierait-on dans ce cas, qu'il existe au budget même que nous examinons, un article de 1,200,000 francs pour frais d'établissement, de voyages et *de service* des agens diplomatiques, et un autre de 500,000 francs pour présens, indemnités, *dépenses diverses, accidentelles et imprévues* ? N'est-ce pas à un de ces deux chapitres, ou à tous les deux à-la-fois que doit se rapporter la dépense dont il s'agit, et la représentation nationale n'a-t-elle pas eu en vue ces dépenses appelées secrettes, en les consentant ? Transigeons au reste, si l'on veut, et réduisons cette somme énorme de 700,000 à 350,000 francs. Consentir un sacrifice de moitié sur une demande aussi difficile à motiver, ne sera pas de la part du ministère une concession qui le compromette. Voilà donc encore une économie de 350,000.

Résumons maintenant toutes nos observations sur le ministère des affaires étrangères. Il en résulte non-seulement la possibilité, mais l'obligation rigoureuse de lui appliquer les réductions suivantes :

Chapitre 1er............................ 90,000
Chapitre 2 110,000
Chapitre 3 350,000
____
550,000

Ce qui réduirait ce budget particulier à la somme de 7,320,000.

CHAPITRE VII.

Ministère de l'Intérieur.

Ce ministère figure au budget de 1822, pour une somme de 112,085,000 (près de 3 millons de plus qu'en 1821.)

C'est sans doute à raison des détails dont il est chargé, que le ministère de l'intérieur a continué d'absorber jusqu'ici des sommes bien évidemment supérieures aux besoins réels du service : essayons de le suivre dans chacune des branches de son administration , et de spécifier les diverses économies dont il est rigoureusement susceptible. Un premier article se présente et déjà l'on est frappé des abus qu'il signale , et des réductions qu'il indique.

CHAP. I. *Administration générale , et archives du Royaume.* 1,665,000.

Dans cette somme figurent 150,000 pour traitement du ministre, et 240,000, pour loyer d'hôtel, entretien du mobilier , conseil des batimens civils, et archives du royaume; c'est par conséquent 1,275,000 pour fournitures, frais de bureau et appointemens d'un directeur général, un secretaire général , 273 employés de tous grades , et 99 hommes de service, en supposant qu'il n'y ait eu ni réformes ni vacances depuis la présentation du budget de 1821; car dans celui de 1822 on a dédaigné ces détails. A qui persuadera-t-on la nécessité d'un nombre d'employés aussi considérable ? Quoi! en 1818, d'après le compte publié par M. le comte Decazes , il se trouvait dans ce ministère 253 employés y compris les hommes de service (1), et le voilà en 1821 et 1822 monté à 372, c'est à dire augmenté de plus d'un tiers ! Ces frais d'administration ont coûté d'après le même compte en 1818, 965,966,13, et l'on ne rougit pas de les porter aujourd'hui à 1,275,000 ! et ce directeur général absorbant en appointemens et frais de bureaux plus que 20 employés tout ensemble, si facile cependant à transformer, ainsi qu'il l'avait presque toujours été jusqu'ici, en un simple chef de division sans que le service souffre de cette métamosphose, et ces 110,000 pour loyers et entretien ordinaire du mobilier, ne sont-ce pas là autant de dépenses à restreindre, autant de dilipidations, tranchons le mot, à réprimer ? Un honorable défenseur des principes proposait en 1820 de réduire à 400,000 les frais d'administration générale ; sans être aussi sévère que ce député, sera-t-il injuste de réduire cet article de 300,000, c'est à dire de le reporter au même taux que la dépense avouée de 1818, et de faire figurer ce chapitre total pour 1,365,000 : économie, 300,000 fr.

CHAP. II. *Etablissemens de bienfaisance, et conduite des condamnés aux fers*, 505,000 fr.

Ce n'est pas sur les dépenses de la bienfaisance qu'il est convenable de proposer des réductions. Bornons-nous à faire des vœux pour que la représentation nationale

---

(1) Observez qu'il y a au ministère de l'intérieur plus d'un homme de peine pour trois employés, tandis qu'au ministère de la guerre, il y en a à peu près un pour cinq employés. Cet objet seul ferait une économie de quarante-cinq hommes de peine, et par conséquent près de 45,000 fr.

veille à ce que des comptes rigoureux et détaillés, constatent l'emploi des sommes votées pour une destination
si patriotique. C'est aux besoins reconnus, c'est aux malheurs véritables qu'elles sont consacrées; les contribuables
auraient droit de les regretter, si elles devaient servir
à payer l'intrigue, l'inutilité ou la corruption. Il est bon
d'observer en outre que les 160,000 demandés pour la
conduite des condamnés aux fers entreraient plus naturellement dans le budget du ministère de la justice que
dans celui qui nous occupe en ce moment.

CHAP. III. *Agriculture, haras, commerce, et manufactures*, 3,865,000 (195,000 de plus que l'année dernière.)

Passons légérement aussi sur ce chapitre, quoique le
compte rendu de 1818 ne porte les dépenses y relatives
qu'à 3,224,325 f. 17, cent.; supposons que les augmentations
survenues depuis cette époque, n'ont eu pour objet que
des améliorations utiles, ne refusons pas au gouvernement les moyens de nous soustraire par degrés à la
dépendance étrangère pour le service de notre cavalerie, de notre artillerie, de nos charrois, et de notre
agriculture même; débarrassons - nous progressivement
d'un tribut que paya trop longtemps notre apathie ou
notre prévention, et que la gêne d'un moment ne
nous fasse pas refuser quelques sacrifices pour perfectionner l'avenir. La différence d'allocation entre le budget
actuel et celui de 1821, provient de l'accroissement de
nos expéditions pour la pêche maritime. Il serait impolitique d'en arrêter l'essor, et le ministère assure que le
crédit de 1821 a été insuffisant : une ordonnance royale fut
forcée d'y suppléer, sauf régularisation.

Chap. IV. *Etablissemens généraux , d'instruction pu-*
blique, 2,815,000.

C'est ici qu'il convient d'exprimer le vœu de voir réunir
en une seule partie du budget national le chapitre qui
nous occupe et le budget particulier de la commission
d'instruction publique : il serait nécessaire à-la-fois pour
la comptabilité et pour le bien même de cette partie importante de l'administration, que tout ce qui a l'instruction
publique pour objet , se trouvât réuni dans les mêmes attributions, soit qu'elles restassent confiées à la commission
actuelle, ce qui a cependant l'inconvénient grave d'entretenir une corporation dans la société, un état dans l'état,
une classe de citoyens indépendante des lois ordinaires
et soumise à des statuts particuliers, soit qu'on établisse
pour ces fonctions un ministère spécial, soit qu'on les
concentre dans le ministère de l'intérieur, sous la surveillance positive d'un chef de division; il semble que ce
dernier mode d'organisation serait à-la-fois le plus simple
et le plus avantageux; il supprimerait un corps dont l'entretien ne laisse pas que d'être dispendieux, ce dont il est
accusé quelquefois de ne pas offrir le dédommagement dans
la nature de ses principes; il remédierait à l'inconvénient
d'avoir une comptabilité particulière qui ne figure point
au budget général, quoique ses élémens puisés dans une
source commune, soient aussi le produit des sacrifices des
contribuables; enfin, tous les services confondus dans une
seule et même comptabilité, offriraient d'un coup-d'œil
aux vérifications le tableau complet des recettes et des
dépenses nationales; par cet arrangement le budget des
dépenses se trouverait chargé de celles de la commission ;
mais comme celui des recettes se trouverait augmenté de

ses revenus, l'état profiterait à-la-fois et des 198,217 fr. 06 c. d'éxcédent avoué cette année par cette administration, et des économies à faire sur les frais d'entretien et les bâtimens qui lui sont nécessaires : dans le cas, au contraire, ou l'on croirait devoir faire de l'instruction publique un ministère particulier, son budget se composant seulement de ces mêmes élémens, ne changerait rien à son résultat définitif, qui serait toujours pour cette année un excédent de 198,217 fr. 06 c. à son profit, indépendamment de l'avantage incalculable, sous plusieurs rapports, de centraliser en une seule masse tout ce qui concerne l'instruction publique. En attendant, comme cette dépense, soit qu'elle reste à la charge de la commission, soit qu'elle soit supportée par le ministère de l'intérieur ou par un autre ministère particulier, n'en doit pas moins être comprise dans le tableau des dépenses nationales, faisons la figurer, ainsi que le propose le gouvernement, pour la somme peu réductible au fond de 2,815,000.

Chapitre V. *Sciences, belles-lettres et beaux-arts,* 1,600,000.

Sous ce titre, il a été dépensé en 1818, suivant le compte mentionné plus haut, une somme de 1,429,000, et rien n'indique qu'aucun service relatif aux sciences et aux arts ait été véritablement en souffrance ; la continuation de plusieurs entreprises scientifiques et littéraires, l'achèvement de plusieurs monumens, dont se sont enrichis à cette époque la capitale et les départemens, attestent que nous n'avons sous ce rapport, fait faire aucun pas rétrograde à la civilisation? Pourquoi donc viendrait-on augmenter aujourd'hui de près de 200,000 la dépense de ce chapitre déjà si considérable? Convient-il à la suite de pertes financières aussi énormes, quand rien n'atteste une augmentation de besoins en cette partie, quand les lettres, les sciences et les arts parvenus à un dégré de perfectionnement qui fait à la fois l'orgueil des nationaux et la jalousie des étrangers, réclament beaucoup moins les encouragemens que l'indépendance, quand mille exemples prouvent que ces encouragemens sont souvent prodigués à l'intrigue opulente et à l'esprit de parti, aux dépens de l'indigence laborieuse et de l'émulation, convient-il de laisser s'étendre indéfiniment, une progression qui menace de ne plus trouver de limites? On prodigue les ressources nationales pour de prétendus encouragemens littéraires, et des soldats mutilés manquent souvent du nécessaire, et des officiers jeunes encore sont forcés de se retirer en accusant peut-être l'ingratitude de la patrie. Subvenons d'abord aux besoins véritables dans les sciences comme dans les autres parties de l'administration; les choses de luxe, d'éclat ou de magnificence, nous nous en occuperons après. En réduisant provisoirement ce chapitre aux limites de 1818, on ne peut être accusé d'insouciance ni de parcimonie. Mettons le donc, a 1,429,000, nous aurons une économie de 171,000.

Chapitre VI. *Commissaires-généraux de police à Lyon et à Bayonne, 4 inspecteurs de la librairie à Paris, 3 censeurs dramatiques, impressions extraordinaires et insertions dans les journaux, représentations pour le jour de la Saint-Louis, dépenses accidentelles, indemnités, estafettes, frais d'envoi d'objets d'arts et d'intérêt public,* 190,000 (11,200 de plus qu'en 1821.)

Nous ne craignons pas d'avancer que presque tout ce chapitre est rigoureusement à supprimer. Pour com-

mencer par les commissaires-généraux de police à Lyon et
a Bayonne, à quoi bon ce privilége de police pour deux
villes qui sont loin de le réclamer, et où la surveillance
de l'administration ordinaire suffirait, comme partout ailleurs, pour la rendre inutile? Est-il bien conforme à la
justice comme à la prudence, de mettre deux villes aussi
françaises que toutes les autres dans une cathégorie particulière? de les signaler ainsi comme dangereuses, si cette
mesure a pour objet de contenir les citoyens qui les ha-
bitent, de les indiquer aux intrigues du dehors, si c'est au
dehors que sont les motifs de tant de sollicitude? enfin
si toute la France est égale devant la législation, pourquoi
cette législation exceptionnelle que la subtilité même la
plus ombrageuse ne saurait motiver? Économie sur ce premier article, 47,800.

Rien de plus inutile assurément que des inspecteurs de la
librairie dans un pays ou les auteurs et imprimeurs responsables de ce qu'ils publient peuvent être et sont, en effet,
poursuivis journellement devant les tribunaux; cependant
comme il peut y avoir quelque surveillance à exercer sur l'observation des réglemens, sur la clandestinité, et sur d'autres
abus, quoique ces fonctions soient spécialement du ressort
de la police ordinaire, nous reclamerons seulement la réforme de deux de ces fonctionnaires, les deux autres seront
encore souvent sans occupation, économie 10,000

Toute l'éloquence ministérielle s'épuisât-elle à colorer
la prétendue utilité de trois censeurs dramatiques, nous ne
saurions lui passer cette dépense qui nous paraît à-la-fois
excessive et ridicule. Si c'est sous le rapport littéraire et
politique que s'exerce une pareille surveillance, la question
est jugée, et la censure n'est plus défendue que par ceux
dont elle sert les petites vanités, et par les instrumens qui

l'exploitent; si c'est à des considérations morales que se rattache la mesure dont il s'agit, il est incontestable que la morale aura plus de garanties dans le caractère et dans l'intérêt même des établissemens dramatiques, que dans une censure le plus souvent ignorante et arbitraire : les tribunaux d'ailleurs ne sont-ils pas établis pour venger les outrages faits à la morale, autant que les écarts indiscrets sur le domaine de la politique? et les gravelures de certains vaudevilles n'attestent-elles pas au surplus tous les jours, que cette censure si chatouilleuse en interprétations quand il s'agit des petites passions de l'autorité, se montre plus accommodante quand elle ne voit pour intéressés que le gout et la morale : portons donc encore cet article en économie, 18,000.

Quant aux impressions extraordinaires, il est impossible de ne pas observer l'inconvenance et l'inutilité de faire insérer par force et à prix d'argent tel ou tel discours ministériel, telle ou telle apologie, et souvent telle ou telle diffamation dans des journaux contrariés d'un pareil assujétissement, quand il s'en trouve un grand nombre d'autres ouverts gratis à ces insertions : d'ailleurs cette dépense fût-elle aussi justifiable qu'elle nous paraît abusive, ces impressions extraordinaires doivent faire partie des frais de bureau accordés à chaque administration. Ce n'est pas pour thésauriser ou pour corrompre qu'on leur en alloue de si considérables : économie, 30,200.

Ce n'est point s'élever contre le principe des représentations *gratis* le jour de la Saint-Louis, que de blâmer l'insertion au budget, des frais qu'elles occasionnent; car ainsi que les villes de France où ont lieu de pareilles représentations, ne viennent pas en demander le remboursement à l'état; ce qui serait y faire contribuer pour sa part la ville de Paris, on ne voit pas pourquoi la ville de Paris viendrait, en mettant les siennes à la charge du budget, y faire concourir les villes qui en ont déjà supporté de proportionnées à leur importance. Si ces dépenses sont purement municipales, qu'elles soient supportées comme toutes celles de même nature par la ville de Paris; si l'on regarde ces fêtes comme un don du monarque aux habitans de la capitale , c'est à la liste civile à y subvenir : mais il n'est point d'argumens qui puissent faire considérer cette sorte de dépense comme nationale, ou il faudra ranger dans là même classe toutes les dépenses pour le même objet, ce qui , au lieu d'un aliment de fête, ne serait plus qu'une contribution nouvelle ajoutée a toutes les autres : faisons donc pour le budget cette économie de 35,000.

Relativement au dernier article de ce chapitre , il est certain que des estafettes sont rarement envoyées du ministère de l'intérieur, que le port des objets d'arts envoyés aux villes est payé par elles, et qu'il y a bien peu de dépenses non prévues dans un budget sur lequel a pu s'exercer à loisir l'investigation ministérielle. Cependant, pour donner un gage de notre attention à ne pas entraver le service sous prétexte d'économie, et ayant égard aux 21,000 francs retranchés sur cet article, tel qu'il avait été proposé l'année dernière, nous n'insisterons que sur une réduction de 6,000 fr., pour ne pas dépasser sans motif l'allocation portée au budget de 1821 pour le même objet : il résultera toujours de nos observations, que sur la totalité de ce chapitre, il est impossible de ne pas consentir une économie de 147,000.

Chapitre VII *Clergé de France*, 23,900,000 fr. (1 million de plus qu'en 1821.)

Comment parler de réformes sur ce chapitre, sans appeller l'anathême de ceux qui prennent encore pour la religion la splendeur de sa représentation dans l'état, et les intérêts temporels de ses ministres pour la base de son existence? Mais il n'est point ici question de vains ménagemens, il s'agit de justice et d'économie; ce n'est point d'ailleurs sur les besoins réels du culte et sur les dépenses qu'il exige que nous proposerons d'inconséquentes réductions. Loin de nous l'idée de nuire à la religion en la restreignant dans ses solennités; mais quand un concours de circonstances désastreuses appelle sur le système financier toutes les ressources de l'ordre et de l'économie, les dépenses de cette partie de l'administration ne peuvent être privilégiées; elles doivent, comme les autres, être subordonnées à la nécessité. Or il en est quelques-unes qui sont loin de porter un tel caractère. Les chefs de l'église présentant dans une opulence peu évangélique un contraste frappant avec les membres les plus laborieux du ministère, un état-major ecclésiastique dévorant, comme l'état-major militaire, les ressources destinées un service utile, un bureau ecclésiastique, sans existence légale, sans attributions reconnues, sans responsabilité, de prétendues dépenses imprévues portées, à cause de frais de premier établissement déjà supportés par les départemens, à 151,829, le chapitre de St-Denis porté de 175,000 qu'il était encore en 1819, à 200,000, comme pour faire une somme ronde et régulière, somme qui suffirait, au reste, pour payer près de 3oo curés, un traitement de 100,000 alloué à l'archevêque de Paris, quoique l'ordonnance qui fixe le sort des évêques ne range point celui-ci dans une catégorie particulière, quoiqu'il jouisse ordinairement en outre de plusieurs traitemens sous différentes dénominations, 940,000 francs affectés au paiement des bourses dans les séminaires, quand tous les colléges royaux absorbent pour la même destination des fonds moins considérables, d'autres fonds consacrés

à l'entretien de congrégations non reconnues par les lois;
les frais de bulles des archevêques et évêques supportés
par le trésor royal, des maisons achetées pour la Trappe,
pour les Lazarites et les missionnaires; toutes ces dépenses,
si l'on considère encore celles qui sont votées par les conseils généraux et supportées par les départemens, ne sont-
elles pas en bonne administration, les unes à restreindre
considérablement, les autres à supprimer tout-à-fait.
Mentionnons donc comme économies indispensables: 1° sur
le traitement des cardinaux, archevêques, et évêques, en
le diminuant d'un cinquième, 100,000. 2o Suppression du
bureau ecclésiastique 35,000. 3° Sur le chapitre des dépenses imprévues assez difficiles à motiver, 50,000. 4° Sur
le chapitre de Saint-Denis, 25,000. 5° Sur le prix des
bourses dans les séminaires scandaleusement multipliées,
300,000. 6° Sur le prix des bulles, ainsi qu'il est porté dans
le dernier compte rendu, 12,523. 7° Sur le traitement de
l'archevêque de Paris, 50,000; total, 572,523 francs, en
passant encore sur l'article des congrégations, dont quelques-unes peuvent, par leur utilité, intercéder pour toutes
les autres, mais qui n'en sont pas moins frappées du sceau
irrécusable de l'illégalité: économie totale sur ce chapitre
572,523 francs. On voit que nous usons dans ce chapitre
d'une réserve nécessitée par les convenances; il serait
peut-être, dans l'organisation même du culte et de ses
ministres, bien d'autres réformes à provoquer.

Chapitre VIII. *Cultes non-catholiques*, 575,000.

Plutôt susceptible d'augmentation que de diminution,
mais à laisser tel qu'il est d'après les circonstances.

Chapitre IX. *Ponts-et-chauseées,* 30,500,000 (500,000
de plus qu'en 1821.)

Ce service, par sa nature et la multiplicité des détails

dont il est chargé, doit nécessairement échapper à une investigation bien rigoureuse des abus qui peuvent s'y être
introduits. Il ne paraît pas, d'après l'exactitude et la clarté
des comptes précédens, d'après le peu d'observations auxquelles il a donné lieu dans le sein des chambres, de la
part des orateurs accoutumés à défendre les intérêts nationaux, il ne paraît pas rigoureusement réclamer d'importantes réductions. Il est possible cependant de signaler quelques abus dans son organisation même. On ne voit
pas, d'après la non-responsabilité d'un directeur-général,
quoiqu'il dispose d'une somme si considérable, pourquoi
en échangeant ce titre brillant contre celui plus modeste
d'un chef de division, on n'économiserait pas la différence
d'appointemens, d'hôtel et de bureaux, qui en serait la
conséquence : mais comme une pareille réforme est du
nombre de celles qu'il serait impossible d'improviser sans
inconvénient, on ne peut qu'en faire l'objet d'une observation pour l'avenir, il faut bien aujourd'hui laisser,
quoiqu'à regret, l'administration des ponts-et-chaussées,
telle que l'ont organisée des époques de prodigalité, et
chercher ailleurs, dès-à-présent, les économies dont elle
peut être susceptible. M. le rapporteur de la commission
des dépenses en 1820 avait très-judicieusement fait ressortir l'abus de l'article intitulé : *Réserve pour réparations
extraordinaires et imprévues, porté à* 120,000. Il était
très-vrai, ainsi qu'il le fit observer, que cet article ne
pouvait que se confondre avec ceux qui comprennent les
réparations des ponts, routes, etc. Il semble que l'on a
reconnu la justesse de cette observation. On ne demande
cette année pour le même objet que 29,000, et encore ne
semble-t-on les demander que pour faire la somme ronde
de 30,000,000; mais comme 29,000 ne sont pas plus fa-

ciles à motiver pour un service indéterminé que 120,000 ,
nous n'hésiterions pas à les retrancher de cette partie du
budget, si une économie si modique pouvait être aperçue
dans une allocation si considérable : l'augmentation
de 500,000 ayant pour objet des travaux utiles, il faut
bien la subir, en invitant le chef des ponts-et-chaussées à
ajourner à des tems plus heureux, de plus vastes entreprises.

Chapitre X. *Constructions et bâtimens d'intérêt-géné-
ral à Paris et à Saint-Denis ,* 2,400,000.

Quelques frondeurs plus chagrins qu'éclairés vou-
draient représenter toutes les dépenses portées en ce
chapitre comme exagérées dans un moment qui succède
à des pertes si multipliées; mais nous n'en sommes
pas réduits à donner aux étrangers et aux nationaux une
idée si déplorable de notre situation. Que le gouvernement emploie suivant leur destination rigoureuse, les fonds
qui lui sont alloués, qu'il n'en consomme pas la plus forte
partie en bureaux ou en profusions de fournitures inutiles,
une grande partie de ces dépenses ne portera l'empreinte
ni de la légèreté, ni de l'inconséquence. Il faut que la capitale de la France conserve la réputation qu'elle a acquise
dans les arts de la civilisation, qu'elle ajoute de nouveaux
monumens à ceux dont l'ont enrichie les siècles passés , et
que l'étranger ne perde pas en y abordant, l'idée qu'il a
de la grandeur d'un peuple à qui les crises politiques n'ont
rien fait perdre de son industrie ni de sa magnificence;
mais comme le ministère avait formellement déclaré dans
la présentation du budget de 1820, que les fonds demandés pour le soubassement de la statue d'Henri IV , qui devraient être à la charge des souscripteurs , et pour la ré-

paration de la porte Saint-Martin, étaient destinés à terminer ces deux monumens ; comme le budget de 1821 a
encore supporté ces dépenses qu'on disait déjà sans objet
en 1820, et que le seul moyen de prévenir désormais l'emploi de moyens aussi inconvenans, est de refuser des fonds
aussi singulièrement arrachés, nous rayerons ces deux articles, qui produiront une économie de 74,000. Comme il
faut bien subordonner en outre à la position du trésor et
des contribuables, le plus ou moins d'activité dans la continuation des travaux commencés, nous consacrerons à
ceux de la Madelaine la même somme qu'en 1821, et
réduirons à 200,000 francs, les 500,000 qui sont aujour-
d'hui demandés, économie : 300,000. Nous ne donnerons
aussi que 400,000 francs aux bâtimens de la rue de Rivoli
au lieu de 900,000 ; ils n'absorbèrent l'année dernière
que 200,000: total des économies sur ce chap., 874,000.

Chapitre XI. *Travaux extraordinaires à la charge de
l'état dans les départemens*, 2,201,526.

Mêmes observations que pour le chapitre précédent;
dans les départemens comme à Paris la classe ouvrière
trouve son occupation, ses mœurs, et sa subsistance dans
ces travaux, et ce n'est pas une des moindres considérations à faire valoir, pour leur conserver toute leur
activité.

Chapitre XII. *Dépenses fixes, ou communes à plusieurs
départemens*, 12,728,966.

On voit figurer dans cette dépense une somme de 3 millions, pour dépenses ordinaires des maisons centrales de
détention. Il est bon de faire remarquer que c'est 360,000
de plus qu'en 1820, et 900,000 de plus qu'en 1819, et que

dans cette même année 1819, d'après le compte rendu, il n'a été dépensé pour cet objet que 2,151,287 : quel que soit la cause d'une demande qui paraît si exagérée, si ces frais sont établis indépendamment du produit du travail des condamnés, il convient d'en opérer la déductio ; si, au contraire, elle a déjà été faite, on sera forcé d'avouer que la dépense est scandaleusement au-dessus des véritables besoins, même en admettant, sans examen, le nombre allégué de 14,000 condamnés. Il existe donc alors dans cette partie de l'administration, des abus intérieurs qu'il ne sera possible de déraciner, qu'en refusant les fonds qui les alimentent; 600,000 de réduction sur un article aussi évidemment forcé, lui laisseront largement toutes les ressources nécessaires. Et remarquez à l'appui de cette économie, que le même ministère qui demande à-peu-près 215 francs par condamné dans les maisons centrales, n'alloue aux départemens pour 5,000 autres condamnés qui ne peuvent trouver places dans ces mêmes maisons, que 650,000, c'est-à-dire, 130 francs par iudividu. En partant de ce calcul, l'économie que nous réduisons à 600,000 devrait être de 1,200,000. Je ne parle pas de 750,000 qui figurent à ce chapitre pour dépenses ordinaires du clergé, frais de chapitre, maîtrise, entretien des chœurs et cathédrales, etc.; et qui pourraient être susceptibles de quelque diminution. Cet article est délicat, et je respecte le sentiment religieux, même dans quelques-unes de ses exagérations. Il résulte toujours des calculs ci-dessus, une économie indispensable de 600,000

Chapitre XIII. *Dépenses variables, spéciales à chaque département*, 21,821,085.

Il se présente ici la même observation que pour l'art.

précédent. 5,600,000 sont portés pour dépenses ordinaires des prisons départementales, maisons de dépôt et de mendicité. Il est rigoureusemet indispensable d'avoir égard au produit des travaux, si la déduction n'en a pas été faite ; et dans le cas contraire, de décharger le budget d'une partie de ces dépenses qui deviennent alors évidemment supérieures aux besoins. Déduire de cette somme totale celle de 800,000, c'est assurément ne pas se montrer avare des revenus nationaux : il y aurait peut-être bien quelque chose à dire aussi sur les 4,500,000 demandés pour les enfans trouvés, indépendamment du concours des communes à cette dépense, surtout quand on connaît le peu de temps que ces malheureuses victimes sont à charge à l'état, soit par la mort qui circule déjà dans leur sang au moment de leur naissance, soit par le nombre de ceux qui trouvent dans la bienfaisance de quelques âmes généreuses, le secours d'une utile protection, ou celui d'une adoption plus utile encore ; mais ce n'est pas à des Français qu'il faut proposer de dessécher aucune des sources de la bienfaisance ; laissons les ouvertes sans restriction, il ne restera toujours que trop de maux à réparer : économie sur ce chapitre 800,000

Chapitre XIV. *Secours généraux* 1,818,423.

Fidèles au principe de laisser à la bienfaisance publique tout son essor, nous ne provoquerons encore ici aucune réduction, malgré les changemens que doit nécessairement amener le système progressif des assurances, et la facilité de se mettre à l'abri des fléaux qui rendent les secours nécessaires. On pourra se garantir à peu de frais, de la grêle, de l'incendie, des épizooties, et de plusieurs autres causes de désolation ; mais il est des cas fortuits que toute la prudence humaine ne saurait prévoir, et il est juste que les malheurs réparés par les calculs des spéculateurs, tournent au profit de ceux contre lesquels toute prévoyance est inutile. Le gouvernement le plus libéral n'aura jamais de ressources proportionnées à ses besoins sous ce rapport.

Chapitre XV. *Dépenses spéciales*, 5,500,000.

Ce chapitre est un de ceux qui présentant le plus d'abus, provoquent aussi le plus d'observations. Il figura pour la première fois au budget de 1821, et malgré l'incroyable obstination de quelques personnes qui ne rougirent pas de l'en repousser si long-tems, on a peine à concevoir comment il a pu si long-temps parvenir à s'y dérober, mais il figura, comme dans celui-ci, sous le titre de dépenses spéciales, et l'on ne voit pas davantage pourquoi à l'aide de ce subterfuge ridicule, on aurait la prétention de l'interdire à la discussion des deux chambres. Nous le répéterons jusqu'à satiété, parce qu'il n'est point de système financier sans ce principe qui en est la base; il ne peut y avoir de dépense qui malgré tout prétexte ne doive être discutée, autorisée, et allouée formellement par la représentation nationale. Que celle dont il s'agit soit prise spécialement sur les fonds particuliers fournis par la caisse des jeux, ce qui serait une absurdité, qu'elle soit au contraire de même nature que toutes les autres, ce qui est le seul mode régulier de comptabilité, toujours est il vrai que versés dans le trésor comme tous les autres revenus de l'état, ces fonds doivent être soumis à la même surveillance, et servir à acquitter, sous le contrôle législatif, les dépenses nationales. Examinons donc ce chapitre sans scrupule, et si des lois ou ordonnances contraires avaient été surprises à la sagesse du monarque ou des législateurs, c'est à un ministère imbu des vrais principes à en provoquer la réformation.

Que voit on figurer dans la nomenclature des dépenses du chap. 15 ? Discutons d'abord un article de 2,200,000 pour dépenses secretes de police, secours, et indemnités. Nous y voyons, disait un honorable député en 1821, et il est probable que la somme demandée étant exactement la même, c'est aux mêmes emplois qu'elle est aussi destinée, en 1822, nous y voyons 70,000 pour supplément de traitement à M. le préfet de police; mais à quel titre ? et pour quels services ? 200,000 pour la police municipale de Paris, qui a son vaste budget particulier, 200,000 à distribuer suivant les circonstances, et ces circonstances sont trop ignobles pour qu'on ose les spécifier. Ce sont des récompenses pour des services d'espionnage, des pensions dont rougirait le titulaire, si elles étaient divulguées, etc. 150,000 pour entreprises littéraires, souscriptions et abonnemens, malgré plus de 500,000 portés au chapitre 5, à cet effet; et l'on sait, comme le disait le même orateur (M. Méchin) que ces entreprises littéraires, ce sont les pamphlets diffamatoires, les articles insérés dans les journaux étrangers, ces libelles inattendus, ces applaudisseurs ou siffleurs de places et théâtres, etc. Dans cette somme de 2,200,000 ne sont compris au reste, ni le traitement du directeur général de la police, ni ses commis, ni ses frais de bureau, ni le loyer de son hotel, tout cela est compris au chap. 1. Voilà les dépenses abusives qu'il faut supporter, par la seule raison qu'il a plu au ministère de les appeler dépenses spéciales à imputer sur les produits de la ferme des jeux. Mais nous ne pouvons être dupes d'une invention aussi bizarre.

Quelque soit le nom qu'on veuille donner à ces allocations, les défenseurs nés de nos droits financiers ne peuvent tolérer plus longtemps de pareils abus, ils feront justice de tous ces articles ridicules, ils feront sur ce chapitre une économie d'au moins 1,000,000.

Ils feront disparaître aussi ces 1,660,000 de subvention aux théâtres, inutile dans l'état où était notre art dramatique, et où il serait encore, si l'on n'y encourageait toutes les sortes d'abus, toutes les sortes de mauvais goûts. Ce n'est pas d'encouragemens pécuniaires qu'il a besoin, la fureur du spectacle dans toutes les classes y supplée avec abondance : donnez aux différens théâtres concurrence et indépendance, annéantissez ces réglemens absurdes dont tout le mérite est de rappeler le systême des corporations et des priviléges ; cessez de commander, à chaque circonstance, de ces ouvrages éphémeres ou l'on sacrifie à l'expression d'un sentiment toujours uniforme l'observation des régles et la peinture des caractères ; ne souffrez plus que la tranquillité des honnêtes gens soit troublée constamment par des bandes organisées d'applaudisseurs ignorans ou de siffleurs furibonds. Alors les ouvrages dramatiques seront jugés par les connaisseurs ; alors les auteurs seront forcés de mettre dans leurs compositions cette dignité ou cette élégance qui peut seule captiver de pareils suffrages. Voilà les encouragemens dont le théâtre a besoin, bien plutôt que de l'argent des contribuables. Cette économie ajoutée à celle de l'article précédent, en donne indispensablement une totale de 2,660,000.

Récapitulation des réductions à opérer dans le budget du ministère de l'intérieur.

Chapitre Ier......................	300,000 f.
Chapitre V	171,000
Chapitre VI	147,000
Chapitre VII......................	572,523
Chapitre X........................	874,000
Chapitre XII	600,000
Chapitre XIII	800,000
Chapitre XV.	2,660,000
	6,124,523

Ce qui réduirait ce budget à la somme de 105,960,477.

CHAPITRE VIII.

Ministère de la Guerre.

(Ce ministère figure au budget de 1822 pour 176,472,000.)

Nous abordons incontestablement celle de toutes les parties de notre administration , à laquelle les amis de l'indépendance nationale désirent voir donner le plus d'extension : malgré l'inquiétude avec laquelle ils voient généralement s'accroître chaque année la masse combattante de toutes les populations de l'Europe , malgré l'habitude où ils sont de voir employer comme oppresseurs dans la paix , ces moyens de défense en cas d'invasion ; cependant comme le premier besoin d'un peuple est de rester le maître chez lui , ils ne contesteront aucune des dépenses qui auront pour résultat véritable l'établissement d'une force militaire proportionnée à celle de toutes les puissances qui nous entourent. Ce n'est pas un des moindres reproches à faire à plusieurs de nos ministères successifs , que cet état de faiblesse et presque d'insignifiance auquel ils ont laissé réduire nos forces actives , quand tout autour de nous prenait , au contraire , en ce genre , un surcroît de développement. Nos revers ne nous avaient assujétis à aucun traité, du moins public, qui pût motiver un pareil abaissement. Et quand on voit des sommes aussi énormes votées chaque année pour le ministère de la guerre , quand il absorbe des fonds presqu'aussi considérables que dans le temps où notre état militaire avait la plus grande extension, on éprouve un étonnement douloureux, on gémit sur les causes d'un pareil état, et l'on appelle, malgré soi, une administration plus nationale ou plus habile. Parcourons ici, comme nous l'avons fait pour les autres ministères, chacun des détails de ce budget particulier.

Chapitre 1er. Dépense d'administration centrale 1,770,000.

Il est permis de croire que, sur ce chapitre, quelques réductions seraient déjà praticables, surtout quand on voit dans le compte rendu de 1820, 84,259 fr. 78 c. d'indemnité, accordées au secrétaire-général et à huit officiers-généraux, en sus du traitement de leur grade, et 26,637 fr. 29 c. pour gratifications ; quand l'on voit 382 employés, en 1820, absorber en traitemens, la même somme que 401 commis en 1819, et 373 employés, demander pour 1822, près de 50,000 de plus que n'en coutèrent les 401 en 1819, et les 382 en 1820. Est-il donc besoin pour le service de 373 employés, en les supposant tous nécessaires, de 92 huissiers, garçons de bureau, concierge, 20 de plus qu'en 1821, etc.? Ne pourrait-on rien économiser en 1822 sur 31,973 84 c. de fournitures de papiers-registres, etc., consommés en 1820, sur 71,346 f. 46 c. de chauffage, 6227 f. 66 c. de plus qu'en 1819, sur 26,740 f. 40 c. d'éclairage, 7130 fr. 51 c. de plus qu'en 1819, sur 9720 fr. 54 c. d'habillement des hommes de service payés déjà au prix moyen de 1,000, sur 25,911 fr. 51 c. pour renouvellement et entretien du mobilier, etc.? Il est temps de rendre les différens ministères un peu moins prodigues de ces sortes de dépenses. On est scandalisé, véritablement, de voir la profusion avec laquelle se consomment les différentes fournitures : des papiers velins pour de simples lettres, des bureaux échauffés de telle sorte qu'on est obligé d'y renouveller l'air à chaque instant pour n'y être pas asphixié, des frais d'éclairage énormes, pour travailler jusqu'à quatre heures, et presque jamais pendant la soirée. Quand on voit des sommes immenses dépensées si légèrement en 1820 et 1821, quand on voit celles demandées pour 1822 augmenter encore de plus 200,000 fr. cette masse effrayante, sera-t-il injuste dé réduire les prétentions de cette année, au taux déjà si élevé de l'année précédente , et de demander ainsi une économie de 211,000.

Chapitre 2e, *Solde d'activité ; et abonnemens payables comme la solde* / 98,735,000.

Ce chapitre se subdivise en plusieurs articles qu'il est nécessaire d'axaminer sommairement chacun en particulier.

Article 1er, Traitemens des maréchaux
de France, officiers généraux supérieurs ,
et autres d'état major.................... 10,050,000 fr.

 Art. 2. *Idem* de l'intendance militaire   2,600,000

 Art. 3. *Idem* de l'état major des places.   1,358,000

 Art. [4. *Idem* de l'état major particulier
de l'artillerie........................... 2,032,000

 Art. 5. *Idem* de l'état-major particulier
du génie................................. 1,860,000

 Art. 6. *Idem* des ingénieurs géographes.   315,000

    Ensemble.................. 18,215,000

Sur cette somme j'observe que l'état major général, c'est-à-dire évidemment le moins utile, absorbe à lui seul 10,050,000, sur laquelle somme figurent les seuls maréchaux de France pour celle de près de 700,000. Je vois les appointemens de tous les officiers d'état major portés à un point de disproportion vraiment abusif avec ceux des offi-

ciers plus modestes, mais non moins utiles. Et le nombre
de ces officiers portés à 1238, non compris ceux de tous
les états-majors particuliers. Je ne puis résister au désir
d'établir ici cette nomenclature complète, pour donner
une idée du degré extraordinaire auquel peuvent arriver
insensiblement les abus.

Maison militaire du Roi..............	18
Etat-major général................	1238
Intendance militaire..............	296
Etat-major des places, y compris les secrétaires écrivains, etc.............	752
Etat-major de l'artillerie............	867
Etat-major du génie...............	860
Ingénieurs géographes............	76
	4,107

A la vue de ce relevé, je me demande à combien monte
donc cette armée nationale à laquelle un pareil état-major est devenu nécessaire. Elle se monte, d'après les états
du ministre, a 194,707 hommes, dont 19,535 officiers.

Déduisez de ce nombre.

Gendarmerie.........................	14,327
Compagnies sédentaires...............	6584
Officiers en congé illimité ou dans des cadres de remplacement................	1805
Equipages militaires.................	231
Officiers de toutes armes.............	19,535
Total à déduire..................	42,482
	152,225

Il ne restera plus que 152,225 combattans, dont, s'il faut

6

en croire des généraux experts en cette partie, 80,000 ne seraient pas disponibles pour entrer en campagne.

Et voilà l'armée pour laquelle on ne rougit pas de présenter à la nation un état major de 4107 hommes, et une dépense pour ce seul état-major de 18,215,000 fr. ! ! !

Mais il ne suffit pas d'indiquer de si effroyables abus, il faut encore parvenir à les déraciner, et c'est l'affaire du temps, non moins que celle de la bonne volonté : l'inconvénient ne serait pas moindre, il faut l'avouer, dans une réforme totale et subite, que dans la perpétuité d'un pareil désordre. Mais comme il serait inexcusable de ne pas réduire des aujourd'hui des traitemens beaucoup trop considérables, tels que celui des premiers grades, de ne pas profiter en outre dos extinctions progressives pour diminuer d'autant le scandale de la dépense que nous discutons, nous supprimerons un dixième sur la totalité du premier article, sauf à obtenir progressivement, par les extinctions, des économies plus considérables, celle-ci sera toujours en attendant de 1,005,000

Art. 7. Dépenses de la gendarmerie 16,060,000.

A l'aspect de cet article, il n'est personne qui ne se demande la cause de l'augmentation progressive de cette partie de la force publique. Ne considérons point ici les membres de la gendarmerie comme les instrumens aveugles et quelquefois impitoyables d'une police ombrageuse, comme nos tuteurs forcés dans les fêtes, et les perturbateurs de nos plaisirs : si l'autorité manquait de gendarmes, elle confierait à des chasseurs ou a des hussards une surveillance qu'elle croit nécessaire, qui l'est peut-être jusqu'à un certain point, mais qui devrait toujours être moins hostile, et souvent plus inaperçue. N'envisageons donc le corps de la gendarmerie que comme faisant partie de notre armée nationale ; et sous ce point de vue faisons observer qu'elle coûte quatre fois autant qu'en 1785, qu'elle ne rendrait pas, en cas d'un besoin pressant, les mêmes services que les troupes ordinaires, et qu'enfin, avec les 16,060,000 qu'elle coûte à l'état, il aurait, au lieu de 14,327 hommes, richement payés, et souvent amollis par cette richesse même, il aurait plus de 48,000 d'infanterie, ou 36,000 de cavalerie ordinaire. (1)

Art. 8. Solde de l'infanterie......... 40,139,000 fr.

Art. 9. *Idem* de la cavalerie........ 13,105,000

Art. 10. *Idem* de l'artillerie.......... 5,967,000

Art. 11. *Idem* du génie.............. 1,108,000

Art. 12. *Idem* du train des équipages militaires........................ 159,000

Art. 13. *Idem* des compagnies sédentaires........................ 1,508,000

Total.......... 61,986,000

Ce n'est ni sur la solde de ces différentes armes, ni sur le nombre des hommes qui y ont droit que nous proposerons d'impolitiques réductions ; elles ne feraient pas fortune auprès du patriotisme. Mais il est une observation importante qui fut faite à la tribune législative par un des honorables députés les plus compétens à cet égard ; et comme elle n'est pas moins applicable à l'année 1822 qu'à toutes les autres, il est bon de la reproduire : le mi-

____

(1) Tout cela est indépendant de la gendarmerie de Paris, portée à son budget particulier pour plus de 1,500,000 francs, et des frais de casernement de la gendarmerie portés au budget du ministère de l'intérieur, chap. 13 ; pour 970,000 francs ! ! !

nistère n'ayant point infirmé dans le temps les calculs sur lesquels elle était appuyée, nous sommes fondés à leur supposer une scrupuleuse exactitude. Ce fut un général expérimenté qui, par ces calculs, auxquels on n'a pas répondu, ce qui équivaut pour eux a un brevet d'infaillibilité, prétendit en 1820 , que le nombre des congés , décès et absences de toute nature , donnait nécessairement au trésor une bonification de plus de 6,000,000; comme le ministre ne la porte dans les états à l'appui de son budget, qu'à peu près à 3,000,000 par approximation, il est permis, jusqu'à ce qu'on ait répondu aux calculs matériels du général député , de regarder cette approximation comme infiniment au-dessous de la réalité, et sans atteindre à la précision de l'honorable orateur qui pourrait paraître un peu sévère, on peut bien proposer une réduction qui, arrivant à la moitié du surplus de son appréciation, serait encore de 1,500,000.

Art. 14. Solde des officiers en congé illimité, et des cadres de remplacement, 1,524,000.

Cet article basé sur des calculs positifs, ne peut , financièrement parlant, donner lieu à aucune observation, et les considérations politiques ne sont de notre sujet qu'autant qu'elles se rapportent à des résultats financiers.

Art. 15. Indemnité de route, 950,000.

Comme l'article ci-dessus.

De tout ce qui précéde, il résulte que sur le chapitre II du budget du ministre de la guerre, il y a lieu rigoureusement à une réduction totale de 2,505,000.

Chap. III. *Maison militaire du Roi*, 1,680,000.

Aucune diminution ne sera présentée sur ce chapitre , quoiqu'on puisse soutenir peut être avec avantage que la dépense devrait en appartenir à la liste civile; mais un grand peuple ne sait pas discuter le plus ou le moins, quand il s'agit d'un hommage qu'il rend à son Roi. Il le veut noble et franc comme son caractère.

Chap. IV. *Subsistances militaires*, 21,141,000.

Ce service à coûté en 1820, 18,640,000, et le voilà porté en 1822 à 21,141,000, c'est à dire à un 6ᵉ de plus qu'à cette époque; et cependant les états ministériels portaient en 1820 un effectif en hommes de 3,235 plus considérable, et seulement 6,581 chevaux de moins qu'en 1822. Il faut avouer que si, en ontre, les fourrages ont été plus chers depuis 1820, il s'en faut que la différence ait été dans une telle proportion.

Plusieurs questions se présentent relativement à cette branche de dépense. D'abord, pourquoi une direction générale des subsistances, quand il y a déjà au ministère de la guerre un bureau des subsistances? Ensuite ce double emploi fût-il un de ces abus destinés, par je ne sais quelle fatalité, à survivre à toutes les réformes, pourquoi la dépense de cette administration centrale portée seulement à 788,709 en 1818, quand elle avait à pourvoir au double service des armées française et étrangère, est-elle étendue à 900,000, aujourd'hui que le service est simplifié de plus de moitié? C'est qu'il faut un directeur général à 35,000, des chefs de service à 15,000, un hotel absorbant pour loyer, éclairage et frais de bureau 53,800, enfin tout l'attirail d'un petit ministère. Mais comme tout ce luxe inutile est le produit des sueurs de plusieurs milliers de contribuables, comme il est impossible que cette administration si brillante soit chargée de travaux plus compliqués qu'en 1818, nous réduirons sa dépense au même taux qu'à cette époque; et nous aurons une économie de 112,000.

Il est impossible en outre de ne pas faire pour les différentes natures de dépenses qui constituent le service que nous examinons, les mêmes observations que pour la solde ; c'est que les états ministériels comptent l'effectif de l'armée en totalité, tandis qu'il se trouve sur les états beaucoup plus réellement que sous les drapeaux, tandis que probablement on compte depuis le 1er janvier des hommes qui n'y viendront qu'en vertu d'appels successifs, et à différentes époques. C'est sur cet abus que les contribuables appellent depuis long-temps toute la surveillance des chambres ; c'est lui, ainsi que plusieurs autres, qui donnèrent souvent des moyens d'influence et de corruption que ne peut tolérer un gouvernement représentatif. C'est avec ces fonds non employés qu'on achète des électeurs, qu'on stimule le zèle de fonctionnaires complaisans, qu'on séduit des mandataires intéressés, qu'on endort des vérificateurs clairvoyans, enfin c'est là ce qui peut détruire avec la moralité de l'administration, toutes les garanties des administrés ; et il a été démontré dans plus d'une discussion , que plusieurs millions pouvaient être employés à cet usage. C'est, au reste, un appel que nous faisons à la surveillance financière des chambres , plutôt qu'une réforme que nous ne pouvons provoquer, faute de renseignemens qui nous manquent, et qui seraient trop longs à recueillir.

Chap. V. *Chauffage et éclairage*, 2,808,000.

Même observation qu'au chapitre précédent sur la différence du nombre des hommes portés sur les états, avec celui des hommes rassemblés réellement sous les drapeaux , soit qu'ils y manquent par mort, désertion, ou autrement , soit qu'ils ne doivent arriver que dans le cours de l'année , et successivement.

Chap. VI. *Habillement et harnachement ,* 10,454,000.

Ce chapitre ne peut donner lieu aux mêmes observations, l'habillement et harnachement étant dûs aux hommes à quelque époque qu'ils soient arrivés. Nous devons supposer aux calculs présentés de l'exactitude.

Chap. VII. *Hôpitaux ,* 6,119,000.

Ce chapitre reposant comme le précédent sur des calculs supposés exacts, passerait comme lui sans observation. si le nombre des journées d'hôpital n'était évalué par approximation d'après l'effectif total des hommes au 1er janvier; or on sait qu'il n'en peut être ainsi : ce chapitre donne donc lieu à la même réflexion que les précédens.

Chap. VIII. *Casernement et campement ,* 3,594,000.

Point d'observation : cet article doit être au complet; que les hommes soient absens ou sous le drapeau, ils doivent trouver de quoi les recevoir à leur arrivée.

Chap. IX. *Recrutement ,* 985,000.

Il y aurait bien quelqu'économie à faire sur ce chapitre, si le rucrutement des troupes suisses n'absorbait pas à lui seul plus que tout celui des troupes nationales. Mais il existe des capitulations qu'il nous faut subir, jusqu'à ce que nous devions au temps leur expiration, ou au patriotisme des chambres une négociation qui les annulle, s'il le faut, avec une indemnité.

Chap. X. *Justice militaire*, 224,000.

Indépendamment de toute critique financière sur ce chapitre, faisons des vœux pour qu'il ne soit plus possible aux gouvernemens d'intervertir tout ordre de justice régulière, en évoquant sous des prétextes frivoles à des tribunaux militaires ce qui est évidemment du ressort des tribunaux ordinaires; pour que toute affaire qui intéresse un citoyen soit remise aux juges inamovibles que la loi charge de le punir ou de le venger, pour qu'une régle enfin positive et irrévocablement tracée restreigne aux délits purement militaires l'emploi de cette juridiction effrayante, dont tant d'abus nous prouvent journellement qu'il est si facile d'abuser pour précipiter le cours de la justice, ou pour le détourner suivant les circonstances.

Chapitre XI. *Remontes*, 1,952,000.

Glissons sur ce chapitre, malgré les 40,000 pour indemnités extraordinaires aux officiers-généraux et autres, chargés des dépôts de remontes, qui touchant déjà le traitement de leur grade, pourraient faire ce service à moindres frais; mais sur ce chapitre comme sur tous les autres, en supposant l'exactitude des calculs présentés, il est bien entendu que c'est au compte à intervenir l'année prochaine qu'il convient de la constater. C'est une observation qui n'est que trop motivée par la légèreté avec laquelle ils sont vérifiés d'ordinaire.

Chapitre XII. *Service de marche et transports*, 1,871,000.

Comme le chapitre précédent; la recommandation qui le termine, est aussi rigoureusement applicable à celui-ci.

Chapitre XIII. *Artillerie, matériel,* 7,300,000.

Gardons-nous d'ôter à aucune des branches du service matériel de la guerre, mais surtout à celle dont il s'agit, la moindre de ses ressources. Il faudrait bien plutôt y ajouter, s'il était possible. Qui sait à quels efforts peut être obligée la patrie pour défendre sa sécurité ou son indépendance? Qui sait ce que peuvent lui réserver les intrigues de la politique extérieure, les préjugés des cabinets de l'Europe, ou les brigandages d'une ambition particulière? Toujours disposés à accorder les fonds destinés à un si noble usage, les contribuables en réclameront seulement un compte détaillé, clair et rigoureux : tel sera l'unique condition de leur désintéressement.

Chapitre XIV. *Génie matériel,* 7,000,000.

Voyez le chapitre précédent.

Chapitre XV. *Dépôt de la guerre et carte de France,* 180,000.

Dépense peu considérable et évidemment conforme aux besoins de cette nature de service.

Chapitre XVI. *Écoles militaires,* 1,589,000.

S'il était question de discuter ici la manière dont sont exécutées les lois et ordonnances relatives aux écoles militaires, et la préférence trop souvent accordée aux enfans des personnages riches ou influens, sur les enfans de ceux qui sont morts sur les champs de bataille, ou cicatrisés de blessures gratuites, les observations se présenteraient en foule : mais c'est seulement sous le rapport financier qu'il s'agit d'examiner ce chapitre, et quoique chacun des articles qui composent le budget particulier de chaque école, puisse bien paraître un peu exagéré, l'économie à réclamer serait si modique, qu'elle ne semble pas mériter qu'on insiste beaucoup pour l'obtenir. Il est cependant une de ces écoles dont l'inutilité ne peut être contestée, et dont la dépense doit conséquemment disparaître, c'est celle dite *spéciale d'état-major*. Si dans le cours des vingt-cinq années par lesquelles nous avons étonné le monde, les armées françaises ont offert le spectacle d'un service admirablement rempli dans toutes ses parties, c'est surtout dans l'état-major que cette vérité trouva son application; et cependant il n'existait point de ces écoles spéciales où tout ce qui est enseigné d'ailleurs, peut l'être et l'est en effet réellement dans celles de Saint-Cyr, La Flèche, etc.; et cet ancien régime, dont la gloire militaire fait aussi une partie glorieuse de nos souvenirs, il n'avait pas non plus formé à une école spéciale d'état-major, ces grands hommes à-la-fois guerriers et administrateurs, qui servirent pour ceux de notre époque et d'aiguillons, et de modèles. En proposant donc la réforme des dépenses inutiles, il faut bien mentionner celle-ci, qui donnera une économie de 45,000.

Chapitre XVII. *Solde de non-activité, traitemens de réforme, et secours,* 9,070,000.

Voilà une de ces dépenses dans lesquelles toute réduction serait une injustice, toute parcimonie une ingratitude. Dans l'état actuel des choses, est-il supportable de voir réduire à un traitement de moins de 5o par mois des officiers en non-activité, quand un supplément de cent francs par année n'excéderait pas pour le trésor, une somme de 23o à 24o,ooo francs. Cette dépense, au surplus, diminuerait progressivement de beaucoup, si le minis-tère replaçait avec plus de promptitude, dans les cadres de l'armée, les officiers réduits à cette solde d'indemnité. Quand les préventions auront cessé de présider à toute notre politique administrative, on sentira qu'il est absurde et peu économique d'avoir deux armées, l'une active et l'autre nulle.

Il est facile de voir que dans l'examen de ce budget, la seule évidence des abus a pu déterminer la proposition de quelques économies ; on n'a effleuré aucune de celles qu'il faut bien attendre du temps et du progrès naturel des prin-cipes représentatifs. On n'a point parlé non plus de celles qui pourraient s'obtenir de calculs plus sévèrement con-trôlés, ou de réformes précipitées. Que serait-ce si l'on fût entré dans la discussion du prix des fourrages, li-quides et autres fournitures, si l'on eût passé en revue pièce à pièce tous les marchés onéreux ou mal calculés de l'administration, si l'on eût demandé subitement la réduc-tion à un nombre raisonnable, d'un état-major composé de plus d'officiers-généraux qu'il n'en faudrait pour com-mander toutes les armées de l'Europe, surtout si l'on eût fait ressortir l'abus de règles suivies en 1806, pour des ba-taillons composés de 1,080 hommes, et maintenues aujour-d'hui pour des bataillons de 4 à 600 hommes? Mais il a bien fallu avoir égard à-la-fois à la difficulté de réprimer tous les abus sans faire trop de mécontens, à la cruauté qu'il y aurait de dessécher, d'un seul coup, des sources qui fournissent à tant de besoins, enfin à l'action du temps, qui doit finir par opérer insensiblement les réformes quand elles sont signalées. Tout en laissant à ces considérations la part qui ne peut leur être ôtée sans inconséquence, le ministère de la guerre nous fournit encore en économies la récapitulation suivante :

Chapitre 1er......................... 211,000
Chapitre 2........................... 2,505,000
Chapitre 4........................... 112,000
Chapitre 16......................... 45,000

Total.................. 2,873,000

Ce qui réduit le budget total du ministère de la guerre à 173,599,000

CHAPITRE IX.

Ministère de la Marine.

(Ce ministère figure au budget de 1822 pour 60,000,000).

Il s'est élevé dans le sein de la commission des dépenses en 1820, une discussion contradictoire sur l'extension à donner à notre marine, et par conséquent sur la quotité des sommes à y destiner. Les uns voulaient les restreindre considérablement, et se fondaient sur l'inutilité des grandes escadres dans notre système politique, sur l'état de déla- brement dans lequel le ministre convenait avoir laissé pourrir nos bâtimens dans nos ports, malgré les 4o millions alloués chaque année depuis 1814 à son ministère, enfin sur la position de notre commerce, et le peu d'efforts du gouvernement depuis sept ans pour le protéger. Le pre- mier de ces motifs est réel, et l'inutilité des grandes escadres dans un pays qui ne veut plus prodiguer de l'or et du sang pour des résultats nuls ou presqu'insignifians, n'a pas be- soin de démonstration. Le reproche d'avoir consommé 200,000,000 en cinq ans, sans que nos bâtimens soient en meilleur état, n'est malheureusement pas non plus sans quelque justice, et c'est à l'autorité souveraine à appeler dans ses conseils l'habileté et l'expérience pour y remédier; car il est difficile de supposer que 40,000,000 par an ne puissent pas suffire à cet objet, quand on voit qu'en 1788, 3o,000,000 couvraient cette nature de besoins, indépen- damment de 10 millions seulement pour les colonies; et l'on se souvient de l'état dans lequel était notre marine à cette époque, où elle sortait d'une lutte à jamais mémorable; la position de notre commerce n'est pas sans doute satisfaisante pour le patriotisme, et ce n'est pas seulement par des essais de culture au Sénégal, que l'on parviendra à lui rendre son influence et sa prospérité; mais c'est précisément parce qu'il est encore dans cet état déplorable, qu'il faut songer sérieusement à l'en faire sortir. C'est à la construction de frégates propres à en protéger les opérations, que doivent être tournés tous les efforts de notre marine, sans négliger pour cela l'entretien de nos établissemens maritimes, l'armement et la conservation des bâtimens plus importans, capables de défendre, s'il en était besoin, ses intérêts et son indépendance : ce n'est point à la France d'aspirer à une rivalité ruineuse avec un peuple voisin dont elle ne peut point atteindre la supériorité, mais ce n'est point non plus à elle d'abandonner les avantages commerciaux que lui assurent à-la-fois sa position géographique, son influence sociale, et l'industrie de ses habitans : donnons donc au gouvernement toutes les ressources qui peuvent s'accorder avec notre situation, et pour les rendre moins insuffisantes, tâchons de déterminer le ministère à débarrasser le personnel de la marine d'une multitude d'emplois sans fonctions, et de rappels ridicules qui absorbent gratuitement des fonds auxquels il serait si nécessaire de donner une autre application; tâchons d'attirer sur la marine cet esprit d'ordre qui semble exilé de toutes les branches de notre administration, et qui devient d'autant plus indispensable pour celle dont nous nous occupons, qu'il lui faut pourvoir à des besoins plus impérieux et plus multipliés. C'est dans cet esprit que nous allons examiner successivement tous les chapitres de son budget particulier, en regrettant de voir augmenter ses dépenses dans une telle proportion, mais en avouant aussi que la plupart d'entr'elles sont marquées par l'honneur national du sceau de la nécessité.

Chapitre Ier. *Administration centrale*, 967,000

Quoique ce chapitre ne soit pas aussi ridiculeusement exagéré que dans plusieurs autres ministères, il peut bien paraître cependant susceptible de quelque réduction, quand on voit figurer au compte rendu de 1820, pour bois à brûler 44,368 fr. 30 c.; pour bougie et cire jaune, 10,117 fr. 40 c.; pour éclairage des corridors, quoiqu'on ne travaille presque jamais passé quatre ou cinq heures, 6,825 fr. 06 c.; pour chandelle, 2061; pour reliures, 7964 fr. 43 c.; pour achat et entretien de meubles, 10,743 f. 61 c.; pour emballage, port de lettres, commissions, etc., 16,955 fr. 28 c.; et presque tous les autres articles sur un pied semblable.

M. Malouet, dans un rapport présenté à l'Assemblée constituante, le 20 avril 1790, disait que l'administration centrale de la marine pouvait être réduite à 750,000, et à cette époque nous avions Saint-Domingue et l'Ile de France, des établissemens dans l'Inde, et un commerce étendu sur les côtes d'Afrique, dans la mer d'Asie, etc.; le département de la marine avait en outre dans ses attributions, les consulats étrangers : sans donner au système d'économie que nous voudrions voir partout adopter, autant d'extension que cet habile administrateur, passons au chapitre premier 867,000 au lieu de 750,000, qu'il jugeait suffisans, et économisons 100,000.

Chapitre II. *Solde à terre, à la mer, et dépenses y assimilées*, 15,991,439.

On voit par le compte rendu de 1819, que la dépense

pour les officiers de vaisseau à terre , portée pour l'année actuelle a 2,474,600, n'a été que de 1,833,151 f. 70 c.; elle avait été seulement en 1818 de 1,270,244 fr. 33 c. On ne peut concevoir par quel motif le nombre de ces officiers aurait augmenté, ou pourquoi ils recevraient des traitemens plus considérables. Mais malheureusement nous suivons depuis quelques années un système de rappels ridicules, d'après lequel des services nuls ou du moins interrompus trente années, comptent pour des services réels, encombrent la carrière de doubles, triples, décuples emplois sans utilité ; on les prodigue à l'intrigue, à la faveur, à l'esprit de parti, et les finances de l'état tiraillées dans tous les sens par des sinécures sous mille dénominations, ne peuvent plus suffire que par des emprunts ruineux, ou par des impôts excessifs auxbe soins véritables : il semble que cha·que année doive amener au moins des extinctions dans ces listes interminables d'officiers casaniers, et ce sont au contraire des augmentations qui viennent annuellement frapper les regards du contribuable, quand il y cherche des motifs d'espérer quelques soulagemens : il est indispensable pour arrêter un pareil désordre, de réduire cet article sinon au taux de 1818, ainsi qu'on en aurait bien le droit, au moins à celui de 1819.

Il serait inconséquent de rien diminuer du service effectif des vaisseaux à la mer. Quelque singulières que puissent paraître certaines des missions ou croisières des vaisseaux employés, des marins se forment à cette école pratique, et sous ce rapport elle a moins besoin d'économie que de développement : portons donc seulement la réduction de l'article précédent à 641,450.

Chapitre III. *Salaires d'ouvriers* . 6,141,548

Gardons nous de rien ôter à ce service, il n'y a là ni pensions de services, ni grades dérisoires, ni emplois sans fonctions.

Chapitre IV. *Approvisionnemens,* 16,331,048.

Comme le chapitre qui le précède, celui-ci a pour objet un service qui, rallenti dans ce moment, pourrait exercer sur la suite une fàcheuse influence. On voit d'ailleurs que le ministère ayant fait connaître une augmentation dans le nombre de nos vaisseaux ou frégates, depuis l'année dernière, il est peu étonnant qu'une augmentation dans cette partie des dépenses lui ait paru nécessaire.

Chapitre V. *Artillerie,* 979,416.

Voyez le Chapitre IV.

Chapitre VI. *Ouvrages hydrauliques et bâtimens civils,* 3,400,000

Quoique presque tous les articles dont se compose ce chapitre puissent paraître un peu exagérés, cependant comme on n'en pourrait avoir la preuve qu'en vérifiant en détail les procès-verbaux de livraison, les marchés, les récépissés et autres pièces dont il serait aussi difficile d'obtenir la communication que de faire le dépouillement et la comparaison, laissons ce chapitre tel qu'il est, en insistant sur la nécessité de suivre pour les dépenses de l'état la même sévérité qui pourrait s'appliquer à l'économie domestique, et de mettre par des états détaillés toutes les dépenses à portée des vérifications. Ce principe universellement appliqué ne serait pas celui auquel les contribuables devraient le moins de reconnaissance.

Chapitre **VII.** *Chiourmes*, 435,000

Ce chapitre ne comprend que les dépenses générales de ces établissemens d'où l'œil du philosophe se détourne avec horreur. Les frais spéciaux, tels que solde des sous-officiers et gardes, salaires d'ouvriers, entretien des bâtimens, hôpitaux et vivres sont compris dans les chapitres 2, 3, 6, 7 et 9 du budget qui nous occupe. Il y a peu d'observations financières a hasarder sur cette nature déplorable de besoins; tout ce qu'il serait possible de dire à ce sujet, porterait sur le plus ou moins de nécessité de ces gouffres infects, qui souvent sont plutôt l'école du crime que son châtiment, sur la colonisation possible ou inexécutable de ces malheureux que séquestre avec trop de raison, la sûreté publique et particulière. C'est sous ce dernier point de vue que pourraient être approuvés les essais de culture faits avec tant de prodigalité à Cayenne et au Sénégal, si des Européens pouvaient être impunément transportés dans un climat aussi dévorant, et si les forçats, pour avoir été rejetés par le crime hors des garanties de la société, avaient cessé pour cela d'appartenir à l'humanité: nous reviendrons sur ces considérations dans le chapitre qui nous présentera les dépenses coloniales à examiner.

Chapitre **VIII.** *Hôpitaux*, 1,399,940

Il est difficile de contester une telle dépense : les principaux employés de ce service sont des hospitalieres, et l'avidité ne marche pas avec un si beau dévouement : l'expérience des hospices civils prouve aussi qu'il y a bien peu de négligence dans la conservation matérielle des objets qu'ils emploient, comme de gaspillage dans les fournitures : nous ne choisirons pas d'ailleurs le ministère de la marine pour le borner dans les ressources de sa bien-faisance.

Chapitre IX. *Vivres* ; 7,931,609.

Ce résultat reposant sur des calculs positifs, il faut ou l'approuver ou en démontrer l'inexactitude ; et nous n'avons ni la possibilité, ni le temps, ni le désir de trouver l'administration en défaut sous ce rapport. Nous dirons seulement que l'administration des vivres de la marine pourrait être avantageusement réunie à celle des subsistances de la guerre, et toutes deux passer avec le bureau des subsistances établi au ministère de la guerre, dans les attributions de cette dernière administration. Il y aurait à-la-fois centralisation dans un des services où elle serait nécessaire, et économie.

Chapitre X. *Dépenses diverses*, 565,000

Cette dénomination de dépenses diverses qui, dans presque tous les ministères, signifie dépenses de caprice, de luxe ou de faveur, se dérobe à ce reproche dans celui que nous discutons ; il faut convenir que tant dans la présentation du budget, que dans les comptes, les objets que comprend ce chapitre sont assez positivement détaillés pour sortir du vague où ils restent ensevelis d'ordinaire. J'y vois cependant une somme de 46,000 pour dépenses diverses des consulats, tandis que dans le dernier compte, je vois, outre ce chapitre qui y figure de même en dépenses, des acquits de traites des consuls et administrations colo-niales, aux articles, solde, salaires d'ouvriers, approvi-sionnement, artillerie, ouvrages hydrauliques, hôpitaux,

vivres, etc. J'ai peine à comprendre quelles sont ces dépenses diverses, à la charge des consulats, quand toutes
celles relatives aux différens services ont été acquittées.
Que si elles ont pour objet les frais particuliers des consuls,
de leurs bureaux ou de leurs maisons, leur traitement
ayant figuré au budget des affaires étrangères, ces objets qui
en sont des accessoires et qui y ont été compris ainsi que
les frais de bureau des ambassadeurs, agens, etc.; feraient
ici un double emploi qui doit disparaître en bonne comptabilité : c'est une réduction sur ce chapitre de 46,000.

Chapitre XI. *Colonies*, 5,858,000.

C'est ici le lieu de parler d'une somme de 1,200,000 applicable à des essais de culture au Sénégal. Nous n'en proposerons pas la suppression totale sans examen, parce qu'il
faut craindre d'entraver ce qui peut, à la rigueur, être utile,
quoique jusqu'ici on ne nous en ait pas démontré tous les
avantages : le philosople et l'ami de l'humanité, voient
avant tout l'impossibilité de transplanter des Européens,
même des criminels dans ce climat brûlant, ce qui détruit
toute espérance d'y coloniser les forçats, et de fermer,
du moins par ce moyen, ces égouts impurs de la société.
Quant aux Africains, l'abolition de la traite des noirs, de
ce trafic infâme contre lequel reclamèrent trop long-temps
en vain la morale et la religion, ne permet guères de compter sur eux pour exploiter ce pays au profit de notre patrie :
s'ils sont libres, c'est pour eux seuls qu'ils voudront tous
les fruits de leurs sueurs et de leurs travaux, et vous n'avez
plus ni le droit ni le pouvoir de leur ravir la liberté. Il est
donc difficile au bon sens d'adopter l'idée que les essais du
Sénégal puissent jamais rendre à la France ce qu'ils lui

auront coûté ; et nous prierons le ministère, qui s'est pro-
curé sans doute à ce sujet des documens positifs, de les
publier, pour l'instruction de la nation intéressée à ces
résultats. Nous le prierons aussi d'insérer à l'avenir dans
son budget quelque chose de plus détaillé sur les colo-
nisations pour lesquelles il demande dans ce chapitre
une somme de 500,000 : persuadés que des raisons victo-
rieuses répondront à notre scepticisme, nous laisserons
cette somme figurer cette année au budget, en en réclamant
d'avance la suppression pour l'année prochaine, si l'on
trompait nos vœux par un silence prolongé, ou des renseignemens incomplets. Mais la première partie de ce chapitre,
fut-elle véritablement utile, les essais de culture au Sénégal
présentassent-ils des chances plus avantageuses que nous n'o-
sons le supposer, toujours est il vrai que la somme demandée
à cet effet, excède la mesure prescrite par notre situation :
la réduire à moitié ne paraîtra pas sans doute une prétention trop déraisonnable : économie 600,000.

La crainte d'entraver le moins du monde un service qui
négligé si long-temps, a besoin d'améliorations et de développemens, a du rendre très-circonspect sur les économies à proposer, et l'on reconnaîtra sans doute, que
nous avons laissé à toutes les branches du service utile
toute la sève qui leur est nécessaire ; nous n'avons abattu
que quelques rameaux parasites, dont la chûte ne peut
ni altérer la vigueur de l'arbre, ni contrarier les efforts
de son accroissement. La marine est un des services les
plus négligés depuis long-temps ; il est utile, il est patriotique, en augmentant les fonds à lui consacrer, de
lui préparer, au moins pour l'avenir, un surcroît de développement.

Récapilulation des économies à obtenir sur le budget particulier de la marine.

Chapitre Ier............................. 100,000.
Chapitre II................................ 641,450.
Chapitre X................................. 46,000.
Chapitre XI................................ 600,000.

Total............ 1,387,450.

Ce qui réduirait le budget particulier de cette adminis-tration à 58,612,550.

CHAPITRE X.

Ministère des Finances.

Ce chapitre figure au budget de 1822 pour 113,222,900.

Il n'est pas surprenant que le ministère des finances soit dans tous les temps celui que surcharge avec le plus d'opiniâtreté la masse de tous les abus. Sans parler des erreurs financières de notre ancienne monarchie, c'est à lui que se rapportent depuis trente années toutes les fausses opérations consommées par les différentes admininistrations démocratiques ou despotiques qui se sont succédées. C'est dans son sein que se sont élaborés ces emprunts désastreux pour l'état, en proportion des avantages réservés à ceux qui les négociaient, cette accumulation de pensions scandaleuses ou ridicules, par lesquelles chaque administration éphémère essayait de grossir la liste de ses créatures, ces banqueroutes partielles et multipliées, qui ruinaient les créanciers sans enrichir le trésor qui les dépouillait ; cette nomenclature de comptables dévorans sous mille et mille dénominations, cet agiotage déguisé sous les noms de *négociations, remises, taxations, anticipations ;* etc. Cette distinction toujours injuste ou impolitique entre les créances susceptibles du même mode de service, soit en rentes, soit en remboursement, cette *dette flottante,* toujours menaçante et jamais définie, tant d'autres conceptions enfin que le génie du fisc toujours inépuisable fit éclorre à toutes les époques pour notre destruction. Sans regarder en arrière pour chercher

à réparer des fautes irréparables, c'est à l'économie à at-
ténuer aujourd'hui, autant que possible, la fatalité de leur
influence, et le ministère des finances qui la rendue si
nécessaire, est celui de tous qui en réclame le principe
avec le plus de sévérité. Suivons le dans chacun des chapitres de son budget, sinon pour lui demander des réductions spotanément très considérables, du moins pour arrêter les bases de réformes futures désormais nécessaires.

Chapitre Ier. *Dette viagère*............10,400,000.

C'est ici le cas d'appliquer encore dans toute sa rigueur
le principe de *loyauté* développé au chapitre de la dette
perpétuelle. La dette viagère ne repose pas sur des titres
moins incontestables, elle n'est ni moins légitime ni moins
sacrée. En partageant l'étonnement que manifesta la commission dans la session de 1819 de voir les extinctions
s'élever alors à une somme moindre que l'année précédente, malgré les chances toujours plus favorables au trésor à mesure de la progression d'âge de ses créanciers, en
trouvant un peu extraordinaire l'impassibilité de la commission de 1820, qui ne témoigna aucune surprise de
voir la somme des extinctions cette année au dessous de
1819, malgré les mêmes chances encore augmentées par
le laps d'une année de plus, supposons que le ministère
ne demande pas cette somme fixe de 10,400,000, sans
avoir vérifié l'exactitude des calculs sur lequels est basée
une telle appréciation. Désirons que les chambres en exigeant l'état nominatif des créanciers viagers, pour les
créances inscrites en ce moment, et successivement chaque année celui des créances nouvellement ajoutées, rendent désormais impossible toute erreur ou toute inexactitude sur ce chapitre. Il serait inconséquent de solliciter,
en attendant, la plus legère économie.

Chap. II. *Pensions inscrites au trésor royal.* 64,421,800.

C'est sur ce chapitre que nous sommes condamnés à payer long-temps encore les profusions de plusieurs époques fécondes en abus de cette nature ; car pour désapprouver très-franchement une grande partie des pensions ridicules quand elles n'étaient pas scandaleuses, accordées pour des services quelquefois flétrissans, tels que des emplois de police, des délations, etc., et le plus souvent chimériques, tels qu'une oisiveté de 25 années, des tentatives prétendues, ou des vœux impuissans, nous ne prétendrons jamais frapper de rétroactivité les engagemens même les plus onéreux, les promesses les plus indiscrètement consenties. La faute a été commise ; elle prolonge au loin dans l'avenir ses funestes conséquences; c'est à une nation grande et généreuse à la supporter avec loyauté, ne pouvant l'effacer peut être sans injustice. Je parle de tout ce qui peut être appuyé du moins sur quelque motif spécieux ou frivole. Car pour ces surprises évidemment faites à l'autorité par des faux ou par des mensonges, ces pensions obtenues sur de simples ressemblances de nom, ou à l'aide de titres fabriqués et imaginaires, ces brevets par continuation de brevets qui n'avaient jamais existé, ces graces antérieures par la date de leur titre à leur concession, etc., pourquoi une révision loyale ne viendrait-elle pas arrêter le cours de pareils désordres ? L'imposture seule risquerait d'y perdre le fruit de ses intrigues, et sans oser spécifier positivement la somme des économies à en espérer, elle serait loin d'être insignifiante si un scupule patriotique présidait à cet examen. Jusques-là nous ne pouvons envisager que dans le lointain l'allégement d'un fardeau aussi accablant. Il n'était pas

déraisonnable de supposer que le ministère nous montre=
rait désormais dans l'état nominatif des extinctions , et
dans une sage réserve à accorder de nouvelles largesses', la
perspective d'un avenir moins scandaleux ; et cependant
nous voilà forcés de nous arrêter encore cette année sur
un tableau plus chargé que celui de tous les exercices
précédens. En vain nous parle-t-on d'un surcroit de pensions nécessité par la loi sur les donataires , cette excuse
aurait quelque fondement si nous ne voyions pas chaque
année , et celle ci en particulier, les pensions civiles et ecclésiastiques indépendantes du chapitre des donataires, pé-
riodiquement augmentées. Certes, si c'est ainsi que l'on
continue de faire marcher de front les nouvelles faveurs
et les extinctions , il est impossible à la prévoyance la
plus inquiette de déterminer où s'arrêtera cette désastreuse progression. Quoiqu'il en soit , la rigueur des principes nous enchaîne, nous sommes forcés en gémissant
d'allouer encore jusqu'à un examen que nous ne cesserons de provoquer, cette somme effroyable de 64,421,800.
Nous ne pouvons prendre l'initiative sur chacun des détails absurdes ou ridicules qui motiveraient une réforme
dès ce moment.

Chapitre III. *Intérêts des capitaux de cautionnement*,
10,000,000.

Rien à réduire sur ce chapitre. Basée sur des calculs qui
doivent être positifs, l'appréciation des intérêts de cautionnement, si elle était exagérée, compromettrait la responsabilité de l'administration qui ne craindrait pas de la présenter ; seulement il peut paraître extraordinaire que malgré la variation des fonctionnaires assujettis à un cautionnement, il en résulte toujours et pour chaque année une
somme ronde comme celle de 10,000,000.

Chapitre IV. *Frais de service et de négociations.*
11,500,000.

Ce chapitre se subdivise en trois parties qu'il est nécessaire d'examiner séparément ; il se compose d'abord de 3,400,000 pour *frais de service de la trésorerie*, c'est à dire pour *commission aux receveurs généraux, frais de transport et d'emballage de fonds, commission à la banque pour le paiement de la dette publique, perte sur fonte de monnaies, commission et courtage à divers.* Ces différens objets sont susceptibles de quelques observations. D'abord quant à la commission aux receveurs généraux, qui d'après les deux derniers comptes rendus, monta en 1819 à 2,854,595, et en 1820 à 2,448,439, on conviendra qu'il est absurde et peu conforme à la simplicité d'une bonne administration financière, de multiplier ainsi les droits des comptables sous mille prétextes différens , au lieu de se borner à des traitemens fixes, moyennant lesquels on ne sera pas embarassé de trouver des agens cautionnés pour s'assujétir au même service, et s'engager à faire les mêmes opérations. Ne dirait-on pas, en voyant les remises allouées au marc le franc à ces fonctionnaires, que les droits à percevoir par eux ne sont pas rigoureusement déterminés, et qu'il s'agit de les intéresser par tous les moyens, moraux ou non, à tirer des contribuables le plus de substance qu'il leur sera possible ? Réunissons, pour la singularité d'un pareil rapprochement, toutes ou plusieurs des sommes allouées au delà de leurs traitemens aux receveurs généraux et particuliers ; on sait que les receveurs particuliers ne figurent que pour des sommes trés minimes dans cet état curieux à examiner.

1°. Remises et taxations sur l'impôt indirect, et recettes diverses......................... 1,5oo,ooo

2°. Intérêts aux receveurs généraux et particuliers, pour anticipation sur les contributions directes, d'après le dernier compte rendu........................... 3,589,7o3

3° Commission aux receveurs-généraux, même compte rendu................... 2,448,43g

4°. Intérêts aux receveurs-généraux en compte courant....................... 3,o9o,443

Total,   10,628,585

Ces sommes ne font pas toutes partie du chapitre que nous examinons, mais elles n'en sont pas moins allouées, elles n'en figurent pas moins chacune au chapitre du budget qui lui est relatif.

Supposez, au lieu de ces sommes énormes, une augmentation d'appointemens fixes évaluée à 2,5oo,ooo, c'est-à-dire, rendez-les plus que doubles de ce qu'il sont aujourd'hui, ajoutez-y même un accroissement de frais pour le transport des espèces, accroissement très-minime, si l'on suppose que les recettes serviront autant que possible à couvrir les dépenses dans un même département, calculez pour cet objet une somme de 2,ooo,ooo, et vous aurez encore sur ce changement seul, une économie de 6 à 7 millions. Mais c'est à un ministre assez énergique pour cesser de capituler avec des intérêts particuliers, à renverser de fond en comble tout ce système d'agiotage, dont les résultats sont des fortunes colossalles pour quelques individus, et le vuide dans les coffres de l'Etat. Jusqu'à ce qu'il s'en présente un de ce caractère, il est impossible, malgré l'évidence des abus, de proposer là dessus des réductions positives.

Il n'en est pas de même des 200,000 de *commission à la banque pour paiement des arrérages de la dette publique.* Que le trésor lui-même se charge comme autrefois d'effectuer ces paiemens, devenus d'ailleurs beaucoup moins multipliés à Paris, depuis qu'il s'en opère un grand nombre dans les départemens; que les fonds au lieu d'aller du trésor à la banque et de la banque aux mains des rentiers, parviennent à ceux-ci sans intermédiaire, et les frais de cette cascade inutile étant épargnés, on obtiendra cette économie qu'il est juste de réclamer dès aujourd'hui, ci.. 200,000

La seconde partie de ce chapitre comprend une somme de 4,700,000 *pour frais de négociation, escompte, intérêt de la dette flotante, c'est-à-dire, intérêts aux receveurs-généraux en compte courant,* (nous en avons parlé tout-à-l'heure) *escomptes à la banque de France, sur effet de commerce, et bons royaux ; intérêts aux commerces et au Mont-de-Piété sur fonds déposés, intérêts et escomptes à divers, intérêts sur bons négociés.*

C'est à cet objet que doivent s'appliquer les observations déjà développées sur l'inconvenance de convertir le trésor en une maison de banque, ainsi que sur la nécessité de réunir en une seule nature de dette, toutes les différentes créances passives dont l'état se trouve obéré. Ce n'est point au gouvernement qu'il appartient de recevoir pour les exploiter, des dépôts de commerce ou de particuliers. Qu'ils aillent à l'avenir se concentrer dans la caisse des dépôts et consignations, ou dans celles de l'amortissement; c'est là qu'est la réunion naturelle de ces sortes de fonds. Quant à ceux qui ont été versés au trésor, et dont après avoir dévoré les capitaux, il doit servir encore les intérêts, il

serait convenable de faire servir à leur remboursement,
soit une partie des sommes à provenir de la vente des
12,514,820, prescrite par l'ordonn. du 8 juillet, soit une
création de nouvelles rentes, si, contre toute probabilité,
cette espèce de produit se trouvait insuffisant : il est inutile
de répéter ici ce qui a été dit plus haut, que l'émission de
ces nouvelles rentes, loin de nuire au crédit public, servirait au contraire à le consolider, par la lumière qu'elle
jèterait sur notre abîme financièr, et par l'évidence de
l'emploi auquel elle serait appliquée. Tout ce qui constitue
la partie de notre dette si bizarrement appelée du nom de
dette flottante devenant soumis à la même opération de
comptabilité, ces créances toujours obscures, et jamais
fixées, se trouveraient éteintes et réunies à la masse de la
dette constituée, sans occasionner aucune perte, et surtout
sans exposer le trésor à l'obligation où il peut se trouver un
jour d'en payer la partie exigible, au moment où une
baisse de ses fonds fortuite ou calculée, le mettrait dans
l'impossibilité de le faire sans de grands sacrifices.

Troisième partie. *Intérêts aux receveurs-généraux et
particuliers à raison de leurs recouvremens par anticipation sur les contributions directes, 3,400,000*

Il a été question de cette dépense à la première partie
de ce chapitre. Nous ajouterons seulement qu'il est injuste
et immoral de forcer les contribuables et les simples per-
cepteurs à verser par douzième, et d'autoriser les receveurs-généraux à faire des soumissions de paiement portant
des délais de 15 à 18 mois, dont ensuite en versant les
fonds qu'ils ont reçu, ils touchent les intérêts par anticipation. Si ce n'est pas là le beau idéal de l'agiotage, le *nec*

plus ultrà du machiavélisme financier, il n'y a plus rien de clairement défini parmi les hommes. Ce chapitre entier produira au gouvernement, quand il voudra le faire rentrer dans les limites de la raison et de la morale, une économie de 7 à 8 millions : nous sommes forcés de ne réclamer aujourd'hui que celle de 200,000 mentionnée plus haut, ci. 200,000.

Chapitre V. *Crédit spécial pour les intérêts du solde restant à rembourser sur les 100 millions empruntés par le trésor pour payer aux étrangers pareille somme en remplacement des 6,615,944 de rentes retrocédées par eux.* 1,500,000.

C'est ici une dette à faire rentrer dans la masse uniforme de la dette constituée : que l'on paie à des prêteurs un capital quelconque avec des fonds particuliers affectés à cet effet, ou qu'on charge le grand livre des rentes nécessaires pour en acquitter l'intérêt, ou pour en opérer le remboursement par leur réalisation, la chose est parfaitement indifférente ; l'essentiel est de terminer ce reste de liquidation humiliant pour l'orgueil national. Je ne veux pas m'étendre davantage sur ce chapitre ; le patriotisme se gardera de me reprocher mon silence.

Chapitre VI. *Chambre des Pairs*, 2,000,000.

Cette somme assurément pourrait paraître encore excessive, quand l'on serait certain qu'elle sert à payer, outre les dépenses intérieures de la chambre des pairs, les sommes allouées aux anciens sénateurs pour prix de la dotation du sénat réunie à la couronne par l'ordonnance du 4 juin 1814, et par la loi du 8 novembre de la même année, statuant qu'il sera pourvu à son remplacement par une loi particulière; mais quand on considère que les anciens sénateurs envers lesquels c'est une dette que l'on a contractée, et non pas un traitement que l'on peut fixer à son gré, ne reçoivent que les deux tiers de l'allocation à laquelle ils ont droit, que cette banqueroute, car il faut appeller les choses par leur nom, leur est signifiée chaque année, malgré la diminution progressive du nombre des créanciers, quand il est impossible de déterminer les ministres à rendre un compte particulier et détaillé de l'emploi de ces 2,000,000, il est difficile de repousser l'idée qu'ils sont employés, du moins en partie, d'une manière peu conforme aux règles de la justice sur cette matière. Cependant comme cette somme loyalement répartie, serait encore réellement au-dessus des besoins, par l'extinction déjà bien avancée des anciens sénateurs, il est impossible de n'en pas réclamer dès à présent la réduction, en exigeant pour l'avenir, dans un budget particulier, la preuve que la somme demandée passe véritablement à ceux qui y ont des droits reconnus, et non à des largesses gratuites et arbitraires. 400,000 ne peuvent être aujourd'hui une réduction disproportionnée au nombre actuel des extinctions, ci..........400,000.

Chapitre VII. *Chambre des députés,* 800,000.

Rien à dire sur ce chapitre. L'augmentation de l'année dernière fut motivée sur celle du nombre des députés, et sur l'impression journellement nécessaire des documens destinés à les éclairer. Il serait possible même de contester que le nombre des hommes appelés à représenter les intérêts de toute la France, soit encore en proportion avec sa population.

Chapitre VIII. *Légion-d'honneur, 3,400,000.*

Point d'observation. Ce chapitre est réglé par une législation positive. C'est l'acquit d'une dette sacrée, trop long-temps et surtout trop imprudemment ajournée.

Capitre IX. *Cour des Comptes, 1,256,300.*

La dépense de la cour des comptes a augmenté d'année en année d'une manière vraiment inexplicable. Quoi! elle était en 1817 de 1,050,000 ; elle a été portée à 1,150,000 en 1818; elle fut l'année dernière de 1,242,600, et la voilà maintenant à 1,256,300. La réforme d'une des sections de cette cour avait été demandée en 1815, tout le monde en sentit la convenance; elle ne fut repoussée que par des motifs étrangers au projet de loi (1); et aujourd'hui que les travaux sont simplifiés, et tout l'arriéré à-peu-près appuré, on contesterait la possibilité d'une économie! Observez que là, comme partout ailleurs, c'est toujours en raison de la diminution des travaux que sont augmentés les frais et le nombre des employés. Si nous nous en rapportons à la proposition de la loi de finances de 1821 (et il faut bien se référer à ce document, puisque celle de cette année néglige des détails aussi minutieux), nous voyons dans cette administration 21 garçons de bureau, portier, etc.; pour 49 employés, dont 21 composant un bureau auxiliaire, qui, établi apparemment dans un temps de surcharge, devrait depuis long-temps avoir disparu tout-à-fait : et les remises à 79 conseillers référendaires absorbant plus que leur traitement principal; et ce nombre

---

(1) Voyez le rapport de M. le comte Beugnot, snr les dépenses de l'exercice 1820.

8

lui-même de 79 référendaires auprès de 18 conseillers ; et ces frais de bureau et d'entretien montant, à cause d'un nouveau dépôt récemment établi, à 52,750. Certes, il n'y aura pas d'injustice à réduire à 1,050,000, comme en 1817, le budget de cette cour financière : économie, 206,300.

Chapitre X. *Administration des monnaies , 599,800.*

On ne voit pas trop pourquoi on laisserait subsister en France treize hôtels des monnaies, quand on voit sur 73,862,960 fabriqués en 1819, Paris et Rouen fournir seuls 67,764,667, Bayonne, Lyon, Bordeaux et Toulouse rien du tout. Supprimez quelques-uns de ces hôtels des monnaies, et vous aurez facilement une économie de 200,000, non compris la vente des mobiliers et des établissemens supprimés. Les hôtels restans suffiraient même, en y donnant aux travaux plus d'activité, pour opérer une refonte, si elle était jugée nécessaire ; mais cette réforme est plutôt à indiquer pour l'avenir qu'à compter pour cette année en économie.

Chapitre XI. *Continuation de l'Hôtel des monnaies à Nantes , 50,000.*

On sent par ce qui a été dit au chapitre précédent, qu'il est impossible d'allouer raisonnablement la dépense portée en celui-ci. Ce crédit, qui avait été annullé en 1821, est reproduit, on ne sait pourquoi, cette année. Il est d'autant plus difficile à motiver, qu'il ne paraît pas même avoir pour objet une continuation de travaux commencés, puisque la ville de Nantes avait différé jusqu'ici les travaux des démolitions et des constructions à sa charge ; au surplus, il serait facile, dans tous les cas, à une ville aussi importante d'assigner à cet édifice une autre destination, si l'on reconnaissait en effet l'inutilité de celle qui lui est assignée : économie, 50,000

Chapitre XII. *Comité de révision des liquidations de l'arriéré*, 66,000.

Voici encore une de ces administrations qui, créées dans des momens de crise, survivent presque toujours aux événemens qui les avaient rendues nécessaires. Le rapporteur de la commission des dépenses en 1820, trouvait déjà convenable, à cette époque, de faire rentrer dans les bureaux ordinaires des finances, cette liquidation de l'arriéré qui devrait être terminée, qui du moins ne peut manquer d'être assez avancée pour ne surcharger que très-peu des bureaux bien assez multipliés. Aujourd'hui que deux années de plus viennent donner aux observations de M. le rapporteur un nouveau poids, convaincus qu'il faut bien faire soi-même ce qu'on n'obtiendrait jamais de la routine, de la faveur ou des petites considérations ministérielles, nous bornerons aux six premiers mois de cette année l'existence du comité de révision des liquidations de l'arriéré, et refuserons pour le reste de l'année des fonds devenus inutiles. Economie, 33,000.

Chapitre XIII. *Cadastre*, 1,000,000.

Il paraît démontré maintenant que ce n'est point avec les formes lentes et le plus souvent vicieuses d'un cadastre, peu susceptible d'être terminé avant trente années, et passible de tous les changemens à survenir dans cet intervalle, que l'on parviendra à établir l'égalité dans la répartition de la contribution foncière. Il faudrait donc lui substituer un mode aussi uniforme et plus simultané. Il semble que si l'on voulait une bonne fois abandonner le système de ces administrations fiscales toujours intéressées à se perpétuer, et se confier avec un peu plus d'abandon au patriotisme comme à l'intérêt particulier des propriétaires, il ne serait pas impossible d'obtenir, en quatre années, un résultat aussi régulier qu'on peut l'attendre en toutes choses de la faiblesse humaine. Ne serait-il pas facile, par exemple, de fixer au ministère de l'intérieur un mode uniforme d'après lequel chaque département serait tenu de faire effectuer, commune par commune, et pièce par pièce, l'arpentage de chaque partie de son territoire ; de convoquer ensuite auprès de chaque préfet un conseil de propriétaires probes et éclairés, chargé de déterminer, d'après les baux, la nature du terrain, et les renseignemens à prendre sur les lieux, auprès des cultivateurs eux-mêmes, l'évaluation du revenu de chacune des pièces précédemment mesurées (1), et de fixer enfin, d'après cette estimation, et sur une proportion donnée, la quotité d'impôt à supporter à l'avenir ; de faire enfin, sauf l'opération dont nous allons parler tout-à-l'heure, un cadastre particulier, qui pour être moins surchargé de formes, d'écritures et de directeurs salariés, n'en serait que plus loyalement assis, sauf les erreurs inséparables de tout travail de cette nature ?

Cette première opération terminée, et grâces au zèle intéressé des propriétaires, on peut estimer qu'elle le serait en deux années ; ne pourrait-on pas, dès la troisième an-

______

(1) On sent assez que ce conseil serait autorisé à faire chez les notaires, dans les archives, etc., toutes les recherches, à courir enfin après la vérité par tous les moyens compatibles avec les droits des individus.

née, convoquer, sous la présidence du ministre de l'intérieur, une réunion de deux ou même trois propriétaires par
département, qui, par une commission choisie dans son
sein, ou par tout autre moyen de son choix, mettrait en
harmonie ces différens travaux, et ferait un tout régulier
de toutes ces parties uniformément préparées? Est-il déraisonnable de penser qu'il n'est point de département qui
ne renferme des propriétaires aussi loyaux qu'éclairés,
pour recueillir et mettre en œuvre tous les matériaux nécessaires à ce travail important; que le million employé
chaque année aux opérations d'un cadastre chimérique, suffirait pendant trois années pour couvrir les frais
indépendans de ce dévouement tout gratuit, et qu'à l'é-
gard de l'arpentage, base première de toute l'opération,
les départemens trouveraient dans les ingénieurs des ponts-
et-chaussées des hommes très-propres à diriger, ou du
moins à régulariser les travaux des arpenteurs ordinaires?
Un bureau de plus ajouté au ministère de l'intérieur suffirait, pour mettre en état d'être présenté aux chambres,
dans la session de la quatrième année, ce travail définitif,
qui assurerait à la contribution foncière une égalité de répartition, depuis si long-temps réclamée, si souvent promise
par le charlatanisme, et toujours rendue impossible par
les formes bureaucratiques d'une administration spéciale,
devenue inutile. Quand on voit à la fin du onzième siècle,
Guillaume-le-Conquérant parvenir en six années à faire
dresser, sous le nom de *Domesday-Book*, (1) un état exact
de toutes les propriétés terriennes de son royaume, de leur

---

(1) Voyez Hume, Histoire d'Angleterre, maison de Planta-
genet, chap. 4.

nature, de leur valeur, et par conséquent de la part d'impôt qu'elles devaient respectivement supporter, peut-on
douter de la possibilité de terminer en quatre années une
opération analogue, avec tous les moyens que mettent à la
disposition du gouvernement, le progrès des arts depuis 800 ans, et les ressources obtenues par la civilisation ?
Que ce projet soit accueilli, qu'il soit modifié, ou que le
cadastre reste ce qu'il est, chimérique et sans résultat, on
ne peut refuser les fonds demandés : allouons donc cette
somme d'un million, sauf à en mieux voir diriger l'emploi.

Chapitre XIV. *Service administratif du ministère des finances*, 6,179,000.

C'est à ce ministère qu'appartient la superfluité de
bureaux et de fournitures la plus évidente et la plus
scandaleuse. C'est là que les appointemens sont répartis
avec une capricieuse irrégularité qui met la parcimonie
envers certains employés dans un contraste bien injuste
avec la prodigalité qui préside au traitement de plusieurs
autres. S'il est vrai, ainsi que le disait en 1820, les états
à la main, un honorable député, qu'après la réunion des
deux ministères en un seul, M. le baron Louis ait organisé
ses bureaux de manière à ne dépenser que 3,007,000, s'il
est vrai que dès 1814 le service pouvait se faire avec cette
économie, on ne voit pas aujourd'hui qu'une plus grande
régularité a du succéder au désordre inévitable de crises
telles que celles dont nous sortons, que nous ne puissions
marcher avec de semblables moyens. Quand on voit un
ministère aussi surchargé que celui de la guerre, se contenter de 373 employés et de 72 huissiers, garçons de
bureau et autres, dont tous ne sont pas même reconnus

bien rigoureusement nécessaires (1) , quand il ne dépense
pour cette partie du service , que 988,000, sur laquelle
somme encore a été démontrée la convenance d'une économie , est-il défendu de s'étonner de voir le ministère des
finances traîner à sa suite 1028 employés et 206 garçons de
bureau , absorbant la somme énorme de 3,360,000, sans
compter encore 45 inspecteurs et agens figurant aussi pour
383,000 ? Est-il permis de tolérer d'autres dépenses aussi
évidemment exagérées que les suivantes : 250,000 pour
fournitures de registres, encre, papiers, etc. ; 130,000
pour bois et lumière; 60,000 pour entretien des bâtimens
et du mobilier, quand on ne voit entretenir et renouveler que les somptueux appartemens du ministre et du
secrétaire général; 69,000 pour mênues dépenses , et dépenses imprévues ; 33,000 pour habillement de 181
hommes de service, etc.? Dans le compte rendu de 1820
se trouve portée en dépense une somme de 35,400 pour
indemnités de reddition de comptes. N'est-il pas trop
absurde qu'un comptable ne puisse s'acquitter d'un
devoir rigoureux de son emploi, sans qu'il en coûte au
trésor, et par conséquent aux contribuables, je ne dirai
pas une indemnité, mais la plus scandaleuse et la plus
immorale des profusions. Dans la nomenclature des travaux annuels d'entretien, se trouvent au compte rendu
de 1820, 3707 42 c. pour tapisseries, 9156 30 c. pour
poêlerie, 2526 46 c. pour peinture, 5156 87 c. pour
vitrerie, et le reste des travaux dans la même proportion. (2) Il est temps, malgré la docilité forcée des con-

---

(1) Le ministère nouveau vient , dit-on , d'en réformer subitement 63.

(1) Dans le compte de 1819 , on n'avait pas rougi de porter les

tribuables, de mettre un terme à des abus aussi révol-
tans. S'il était possible, en se laissant aller à toute sa
conviction, de ne pas envisager aussi la nécessité de
charger l'avenir d'une partie des réformes dont tant de
dilapidations démontrent la nécessité, on demanderait
dès à présent toutes les réductions dont le service est
susceptible; on diminuerait au moins d'un tiers cette
somme énorme de 6,179,000; mais dans la nécessité de
concilier des intérêts particuliers avec l'ordre qui devrait
règner dans toutes les parties de l'administration, nous
proposerons au moins sur ce chapitre, en le réduisant
à 4,979,000, une économie de 1,200,000.

Chapitre XV. *Fonds spécial destiné aux frais de l'in-
ventaire des biens mobiliers et immobiliers affectés à la
dotation de la Couronne. 50,000.*

La loi du 8 novembre 1814 rend une partie de cette
allocation nécessaire; il est bon qu'un pareil état soit
dressé et remis à la chambre des pairs comme à celle
des députés; mais on peut s'étonner que les dispositions
de cette loi de prudence aient attendu si long-temps
leur exécution, et 25,000 suffiraient largement pour y
pourvoir avec loyauté et exactitude: économie 25,000.
Ici se termine l'examen des chapitres composant, à
proprement parler, le budget particulier du ministère
des finances. On a vu que les économies à réclamer dès
aujourd'hui sont peu en proportion avec la gravité des
abus; mais la carrière des réformes futures est vaste à

---

tapisseries à 37,672 fr. 27 c.; la poêlerie, à 16,399 fr. 46 c.; la
peinture, à 11,052 fr. 16 c.; la vitrerie, à 9,731 fr. 81 c.

parcourir. Honneur au ministre vraiment financier qui, portant au fond de ce chaos les lumières de l'expérience et de la morale, fera une justice progressive de toutes les dilapidations ; la tâche est difficile, le découragement seul pourrait la croire impraticable ; il faut pour la remplir, de la franchise et du courage.

Récapitulation des réductions impossibles à éluder dans les dépenses du ministère des finances.

Chapitre IV .... 200,000 f.
Chapitre VI 400,000
Chapitre IX 206,300
Chapitre XI 50,000
Chapitre XII........................... 33,000
Chapitre XIV 1,200,000
Chapitre XV 25,000

Total 2,114,300

Ce qui réduirait le budget total à la somme de 111,108,600.

CHAPITRE XI.

Frais de régie, de perception , d'exploitation , non valeur , etc.

(Cette dépense est comprise au budget pour une somme de 138,846,880.)

De tous les abus dont la bureaucratie dévorante du fisc a surchargé notre administration financière , il n'en est point incontestáblement de plus scandaleux que celui que nous avons à signaler dans ce chapitre. Quoi ! nous nous piquons d'avoir profité des fautes passées; nous osons parler d'expérience, d'économie politique et financière; enfin de principes, et nous sommes encore en 1822 à payer seize pour cent en frais de régie et de perception sur la masse de tous les produits qui constituent la fortune publique, tandis qu'avant la révolution , dont les abus financiers furent une des causes ou du moins des pré-textes, les frais de perception pour des sommes moins considérables, ce qui devrait être encore un avantage pour l'administration d'aujourd'hui, n'étaient que de six pour cent pour l'impôt général, et pour les contributions locales seulement de deux et demi pour cent (1). Il existait bien quelques faibles parties de l'impôt dont les frais allaient à 12 p^r cent, 16 p^r cent et quelquefois même

______

(1) Voyez l'administration des finances de M. Neker , chap. 3, tome 1er. Ces résultats sont basés sur des calculs positifs et détaillés.

au delà ; mais c'étaient celles dont les recouvremens étaient confiés si abusivement à la ferme générale, et encore tout en balançant les uns par les autres les frais de la totalité des impositions, le terme moyen ne se montait-il qu'à dix $\frac{4}{5}$ pour cent. C'est un fait reconnu qu'en Angleterre les frais de l'accise qui perçoit les mêmes impôts que l'administration des contributions indirectes, ne montent pas à quatre pour cent. Ils sont ici à près de vingt-cinq pour cent; le reste est, à peu de différence près, dans la même proportion. C'est en examinant successivement chacun des produits, qu'il sera facile de spécifier ceux qui présentent sous ce rapport le plus d'abus a réprimer.

Chapitre I. *Enregistremens et Domaines.* 11,615,000.

Les frais de perception pour cette partie de l'impôt montant seulement à sept pour cent du produit brut, on pourrait les croire peu éloignés des limites de l'ordre et de l'économie, si l'on ne savait qu'en Angleterre, ce pays où l'on veut toujours nous ramener quand il s'agit des abus de son aristocratie, mais dont on cherche à éloigner nos regards s'il est question des garanties qu'il assure à tous les droits particuliers, si l'on ne savait, dis-je, qu'en Angleterre le recouvrement des produits de même nature n'est que de deux $\frac{3}{16}$ pour cent ; il serait donc possible en adoptant approximativement les mêmes bases, en les modifiant si l'on veut d'après les localités et les circonstances, d'obtenir sur ce chapitre seul une économie de plus de cinq millions. Ce n'est point à nous à prendre l'initiative des mesures à adopter pour opérer cette réforme, encore moins à en provoquer de subites ou d'irréfléchies qui pourraient occasionner dans l'intérieur des bureaux quelques fâcheuses commotions, il nous suffit d'en indiquer la possibilité. Puisse le temps et la sagesse du gouvernement nous prouver par degrés que ce n'est pas en vain qu'on lui signale le mal et le remède !

Chapitre II. *Forêts*, 3,372,950.

Nous venons de voir les frais de régie et de perception monter pour les domaines à sept pour cent du produit; nous les trouvons ici de près de vingt pour cent, et ce n'est pas là que doit s'arrêter cette ruineuse progression; nous rencontrerons ailleurs des preuves encore plus fortes de l'esprit d'inexpérience et de profusion qui a présidé à l'établissement de ce système bureaucratique qu'on s'obstine, en cette partie, à laisser subsister avec tous ses abus. De quelque manière que les chefs de l'administration des forêts prétendent justifier le scandale d'un impôt absorbant sur un produit de 16,500,000, une perte de 3,372,950, ils ne parviendront jamais à persuader au bon sens qu'il soit impossible de percevoir une contribution, de quelque nature qu'elle puisse être, d'une manière moins improductive. En vain diront-ils que l'entretien et la conservation des forêts exigent une nature de service inconnue dans les autres parties de l'administration. L'entretien et la conservation des forêts n'exigent ni ce nombre d'agens supérieurs, ni cette multiplicité de plus de 3500 gardes à pied et à cheval qui n'empêchent pas un délit , ni ces 56,000 fr. pour port de lettres et paquets, ni ces 53,000 d'indemnités, secours et gratifications, ni ces frais de tournée d'inspecteurs qui vont vaquer à leurs affaires ou à leurs plaisirs sous prétexte de ces voyages , que la surveillance

du service local rendrait inutile. Il ne serait pas difficile au gouvernement , s'il voulait tourner du côté de
l'intérieur de toutes les administrations une partie de
sa sollicitude, d'économiser sur les frais de celle-ci un
million.

Chapitre III. *Douanes,* 26,116,300.

On a vu les frais de régie des domaines monter à
sept pour cent de leur produit brut, ceux de l'administration des forêts s'élever à vingt ; nous voici maintenant à une direction dont les frais de régie montent à vingt-un pour cent : si cette énorme dépense
n'est pas justifiée , elle est du moins expliquée par une
armée de 27,732 employés, autant qu'en 1821, et 1072
de plus qu'en 1820. Le général de ce corps , qui
pourrait devenir redoutable s'il était employé contre
des ennemis extérieurs, nous dira qu'il ne peut réduire
un seul homme sur de si nombreux bataillons ; mais
quelle que soit l'étendue de nos côtes, et le nombre des
postes établis sur nos frontières , tant circonscrites depuis
quelques années, il lui sera impossible de nous faire
croire à cette impossibilité. Outre une réduction sur ce
nombre d'employés extérieurs, que nous persistons à
regarder comme convenable et même indispensablement
nécessaire, comment tolérer ce luxe de bureaux portant
à 510,000 les traitemens des seuls employés de l'administration centrale à Paris, y compris M. le directeur
général pour 50,000? comment tolérer ces 60,000 pour
son matériel à Paris, et 1,610,000 pour même matériel
dans les départemens? Et c'est en nous présentant des
abus aussi évidens, que l'on ne rougit pas de nous parler
d'économie ! Ministres d'un gouvernement représentatif,

vous parlez à un peuple éclairé, vous ne le convaincrez pas. Tant que vous n'aurez pas réduit à une représentation moins dispendieuse tous ces directeurs généraux, petits sultans administratifs, dont les appartemens sont des palais entiers, et les bureaux des boudoirs; tant que vous n'aurez pas diminué tout cet attirail d'employés et de valets inutiles, tant que vous n'établirez pas dans l'intérieur de vos bureaux cette assiduité et ce contrôle journalier qui obtiennent de cent employés le travail de deux cents qui savent qu'ils ne sont pas surveillés, tant que vous ajouterez enfin à l'impôt qui pèse sur toutes les classes, un cinquième de plus pour sa répartition, vous pourrez entasser phrases sur phrases, et sophismes sur sophismes, nous appellerons toujours des mesures qui, en vous remplaçant par des hommes d'état plus avares des richesses nationales, nous fassent espérer du moins un autre système. Dans la partie que nous examinons spécialement ici, c'est en fixant pour la fraude des peines pécuniaires et corporelles, dont on ne pourra blâmer la sévérité, puisqu'il ne tiendra qu'à chacun de s'y dérober; c'est en donnant à l'autorité locale dans chaque département la surveillance des réglemens, et aux tribunaux ordinaires la connaissance des délits qui s'y rattachent; c'est en disséminant ainsi l'administration répressive ainsi que le sont les côtes et les frontières qui la rendent nécessaire, et non en la centralisant dans une direction dispendieuse, qui serait avantageusement remplacée par une division particulière au ministère des finances, que vous obtiendrez à la fois plus de produits, plus de moralité et moins d'embarras. Ce n'est pas moins de dix millions que rapporterait au trésor un changement total de système en cette partie.

Chapitre IV. *Contributions indirectes ,* 49,836,5oo.

Voici maintenant une administration dont les frais
montent à plus de 25 pour cent du produit; cependant
comme il est juste de prélever sur cette somme
de 49,836,5oo, celle de 14,9oo,ooo pour achats de tabacs ,
restent seulement pour les frais de régie 34,936,5oo, c'est-
à-dire, encore plus de 18 pour cent. C'est ici qu'il est
utile de répéter que les mêmes frais en Angleterre coûtent moins de quatre pour cent. Cette différence de résultats prouve des abus de plus d'un genre , qu'il serait instant de réprimer. On envoie étudier en Angleterre l'institution du jury, dont il est facile de perfectionner chez
nous l'organisation, dont nous connaissons parfaitement
toute la théorie, et qui réalisera pour nous tous les avantages qu'il promet, dès que l'autorité voudra bien le ramener à toute la pureté de son principe : il serait probablement plus utile d'y envoyer des hommes à-la-fois probes
et éclairés, pour y étudier cette simplicité d'administration financière, dont nous avons l'air d'ignorer si complétement le mécanisme, à en juger du moins par l'application : ce n'est pas là que l'administration centrale coûterait
seule 1,55o,ooo,, et son seul matériel dans la capitale 168,ooo. Ce luxe de bureaux, cette multiplicité d'employés sont des vers rongeurs qui se retrouvent partout;
partout on est autorisé à juger par cette dépense de toutes
les autres. En définitive on ne voit pas trop comment, par
un changement de système en cette partie comme en toutes
les autres, on ne ferait pas avec dix pour cent du produit,
ce qui se fait si près de nous avec moins de quatre pour
cent, ce serait une économie de 15,ooo,ooo.

Chapitre V. *Postes*, 11,982,930.

Voici une administration dont les frais montent au taux énorme de cinquante pour cent; mais du moins ils se justifient par la nature même du service, et l'impossibilité de rien retrancher ni sur le nombre des postes, ni sur celui des chevaux qui y sont employés. Il y aurait bien quelques petites dépenses à discuter, telles que 50,000 pour M. le directeur-général, plus de 100,000 de loyer et réparations des bâtimens; 181,000 de frais et fournitures de bureau, dans les départemens, 119,000 autres pour frais des bureaux de Paris seulement, 10,000 pour transport extraordinaire de dépêches du Roi, pendant les voyages de la cour, qui n'en fait à-peu-près aucun, et dont les frais, d'ailleurs, devraient être supportés par la liste civile; les économies seraient modiques, mais il n'en est pas moins juste de faire un appel pour quelques réductions volontaires à la sagesse de l'administration.

Il y aurait bien aussi quelqu'observation à faire sur les dépenses et l'existence même de certain bureau secret....; mais on le désavouerait, et cette infamie, si elle existe en effet, comme il est difficile d'en douter, se dérobe, par son obscurité, à la preuve matérielle qui livrerait une administration capable d'un pareil machiavélisme à la flétrissure et à l'ignominie.

Chapitre VI. *Loteries*, 4,649,500.

Il serait juste que l'impôt le plus immoral de sa nature fût au moins le plus économique dans sa perception; mais c'est précisément tout le contraire dans celui que les loteries se chargent de prélever sur la faiblesse et la crédulité, et c'est une considération qui devrait être pour les gouvernemens un motif de plus de le supprimer. Ce n'est pas ici le lieu de combattre pour une cause plaidée depuis long-temps par la philosophie et par l'humanité, mais toujours ajournée par l'avidité et les passions particulières. Nous n'avons à examiner, en supposant le maintien indéfini des loteries, que la proportion qui se trouve entre leurs produits et les frais de leur perception. Ils ne vont pas à moins de 33 pour cent. Dans la totalité de ces frais je vois figurer 3,060,000 pour remise de six pour cent allouée aux receveurs sur le montant de leurs recettes, pour leur tenir lieu de traitement; cette recette évaluée 51,000,000. Et c'est pour augmenter toujours cette remise, que les receveurs sont autorisés à séduire les faibles et les ignorans par mille amorces mensongères, par des calculs absurdes, par l'étalage de bénéfices réels ou imaginaires, enfin par toutes les inventions de la ruse et de l'avidité; et c'est sur 51,000,000 sortis tous les ans de la bourse des victimes, que le trésor perçoit net moins de 10,000,000!!! A quoi bon au surplus se livrer à des calculs plus ou moins exacts sur un revenu flétrissant, qui ne peut se percevoir un seul jour sans révolter à-la-fois et l'économie financière, et la morale? Que les frais de cette odieuse industrie soient ou non disproportionnés aux produits qu'elle enfante, la question est oiseuse autant que pénible à examiner : rien de ce qui constitue une pareille administration ne peut, sous aucun prétexte, reparaître au budget qu'il déshonore; sa dépense est un fléau, sa recette un scandale, l'une et l'autre sont à supprimer. Économie de cette année sur les frais de perception, en fermant ce gouffre au 1er juillet, 2,324,750.

9

Chapitre VII. *Frais de perception, non-valeurs, taxations sur les contributions directes, 23,459,700.*

Sur les quatre contributions directes, les frais de perception, non-valeurs, etc., sont repartis ainsi qu'il suit; savoir :

	Produit brut.	Frais.
Foncière	227,921,892	12,914,814
Personnelle	42,556,530	2,086,610
Portes	21,418,946	2,200,244
Patentes	20,719,632	3,562,032
Total	312,617,000	

Dépenses des directions des contributions directes 2,696,000

Total 23,459,700

Voilà donc, sur une somme de 312,617,000, produit brut des quatre contributions directes, celle de 23,459,700, pour frais de perception, non-valeurs, etc.; c'est-à-dire, à-peu-près 7 ½ pour cent. Il faut avouer que ce résultat est un peu moins scandaleux en cette partie, que dans les administrations financières que nous venons de parcourir. Cependant, si l'on voulait renoncer à faire des 86 receveurs-généraux autant de banquiers, prêtant ou avançant à leur profit des fonds journaliers à un Gouvernement qui ne doit pas en avoir besoin, grâce aux soins de l'administration et à l'exactitude bien stimulée des contribuables; si l'on convertissait en appointemens fixes ces remises à la fois immorales et exagérées, ce qui serait très-facile,

malgré l'opposition des receveurs actuels et les faux rai-
sonnemens de ceux qui aspirent à le devenir ; si les recettes
et les dépenses se balançant, autant que possible, dans les
départemens, les frais de transport ne portaient véritablement que sur l'excédant de recette de chacun d'eux ; si les
recettes particulières et les perceptions moins multipliées,
ne donnaient à ceux qui en sont chargés que les mêmes
appointemens pour des travaux un peu plus considérables ;
enfin, si le trésor s'enrichissait ainsi des fortunes spontané-
ment acquises des favoris de la finance, il est permis de le
penser, il serait facile, au besoin, de démontrer que l'on
pourrait réduire à quatre ou cinq pour cent, ces droits
portés à 7 ½ pour cent du produit brut des quatre contributions ; mais c'est un résultat auquel il faut renoncer, si l'on
n'adopte un changement absolu dans le système de la perception : bien réfléchi cependant, il ne donnerait pas, sur
cet article seul, une économie moindre de 8,000,000. C'est
au Gouvernement de mûrir dans sa sagesse les détails de
cette innovation nécessaire.

Chapitre VIII. *Remises aux receveurs-généraux sur l'impôt indirect, et les recettes diverses, 1,500,000.*

Ce chapitre est passible dans toute son étendue, des observations précédentes. Nous en avons parlé au chapitre IV
du budget du ministère des finances.

Chapitre IX. *Remboursemens et restitutions pour trop
perçu, y compris 2,500,000 pour primes à l'exporta-
tion, 6,314,000.*

Rien de plus extraordinaire que ce chapitre, si l'on se
reporte à la difficulté de se faire restituer des sommes in-

duement perçues, et surtout à la difficulté première de les faire déclarer telles. Au surplus, il semble qu'une dépense de cette nature ne pourrait se justifier que par l'état nominatif des individus auxquels sont faites ces restitutions. Il ne s'agit pas d'une confiance plus ou moins méritée dans le ministère, il s'agit de clarté dans les comptes qu'il doit de sa gestion, et rien n'est moins clair qu'un chapitre sommaire de restitutions, dont on connaît toute la difficulté, et dont on ne voit point la preuve dans le nom de ceux à qui l'on restitue. Je veux croire, et je crois que ces sommes sortent en effet des coffres qui n'auraient jamais dû les recevoir; mais en finances, comme en toutes affaires légales, ce n'est pas la conviction individuelle, c'est la démonstration pour tous qui est nécessaire.

Il résulte de tout ce qui a été dit sur ce chapitre, qu'à l'exception de 2,324,750 sur la loterie, il n'est point susceptible de réductions spontanées pour cette année, mais que tout en subissant encore un ordre de choses financier chargé à-peu-près de tous les abus, le mode vicieux de l'administration en cette partie n'en rend pas moins indispensable un changement total, dont la conséquence serait un bénéfice annuel pour le trésor, et par conséquent pour les contribuables, de plus de 40,000,000. Ce n'est pas dans un ouvrage de la nature de celui-ci, qu'on est obligé de développer des détails bien positifs à cet égard; l'exposition en serait trop longue, mais elle ne serait nullement difficile. A la nature des principes sur lesquels nous avons déclaré que doit reposer une administration financière, on peut juger des réformes qui en seraient l'application.

CHAPITRE XII.

Instruction publique.

Ce chapitre figure au budget de 1822 *pour ordre* seulement, et comme budget particulier du conseil royal de l'instruction publique; il est de 2,424,200.

Il n'entre, disons nous, que *pour ordre*, ainsi que les années précédentes, au budget total des dépenses nationales; mais comme il est bien reconnu qu'ainsi que tous les autres fonds, ceux de l'instruction publique sont aussi le produit des sacrifices des contribuables, et que rien de ce qui constitue l'administratien financière n'a le droit de réclamer ni une exemption de surveillance, ni un mode privilégié de comptabilité, ce chapitre doit figurer ici au même titre que les autres, il doit faire *réellement* et *matériellement* partie du budget général que nous discutons. Il en serait de même du sceau des titres, de la légion d'honneur, et de tous les autres budgets particuliers, si nous avions en communication comme pour celui-ci, tous les élémens qui les constituent, et c'est une demande que nous ne cesserons de renouveler, jusqu'à ce que l'on ait fait droit aux plaintes des financiers comme des publicistes à cet égard. Quant à l'instruction publique, espérons que, réunie bientôt, au ministère de l'intérieur, elle cessera d'être le monopole d'une administration particulière, et redeviendra une des branches importantes, mais une des branches *ordinaires* de l'administration.

Chapitre I. *Administration générale.* 564,500,

Ce chapitre, si l'on admettait le système de réunion
de l'instruction publique aux attributions du ministère
de l'intérieur, sous la surveillance spéciale d'un chef de
division, ou même d'un directeur général, subirait déjà
d'importantes réductions; plus de conseillers ni de secrétaire général, presque plus de chauffage et d'éclairage,
plus de loyer d'hôtel, plus d'entretien de bâtimens et de
mobilier, plus de frais de voiture pour M. le président,
malgré son traitement de 40,000, réduction de plus de
100,000 sur les appointemens des employés ; ce n'est pas
s'eloigner de la vérité que d'évaluer en masse cette économie, tout en laissant subsister un directeur général,
et tous les frais d'inspection à 250,000.

Chapitre II. *Dépense des académies*, 1,026,100.

Il est à propos de supprimer ici un article de 55,000
pour tournées de recteurs et inspecteurs d'académies,
d'abord parce qu'il semble se confondre avec les 45,000
alloués au chapitre précédent, pour frais de tournée des
inspecteurs généraux, et que s'il ne s'y confondait pas
en effet, il prouverait un double emploi, une seule classe
d'inspecteurs pouvant suffire largement à ce genre de
services ; ensuite parce qu'il est au moins inutile d'aller
visiter les académies, surtout si c'est, ainsi qu'on l'a vu
quelquefois, pour y rendre nulle toute influence locale sur
le système général comme sur les détails particuliers de l'éducation. Si l'on a dans des chefs locaux mûrement examinés
avant que d'être choisis, la confiance dont on doit les
supposer dignes, à quoi sert cette double surveillance, sinon
à composer dans l'instruction, connue dans tout le reste,

un état-major dévorant aux dépens du service utile: réduction 55,000.

Cbipitre III. *Dépenses de l'école normale*, 140,000.

Point d'observations sur ce chapitre. Il convient de former des instituteurs si l'on reconnaît la nécessité de l'instruction dans l'éducation, et les fauteurs de l'ignorance n'en ont pu faire encore repousser le principe.

Chapitre IV. *Dépenses diverses*, 131,600.

Si l'on voulait minutieusement épiloguer ce chapitre, il serait facile d'y signaler encore des exagérations et des dépenses peu nécessaires. On pourrait discuter jusqu'à quel point des secours aux membres des anciennes congrégations enseignantes et à d'anciens professeurs de l'université sont en proportion avec le petit nombre des vieillards qui doivent survivre encore à son extinction. On pourrait demander à quel titre l'université a des domaines, et quels frais ils occasionnent pour leur exploitation; si l'examen des livres classiques faisant naturellement partie des fonctions des officiers d'université, il est bien nécessaire d'affecter des fonds particuliers à cet usage, etc.; mais l'économie serait si modique, qu'elle vaut à peine qu'on en fasse l'objet d'une observation. Ce sera au ministère dans les attributions duquel sera placée tôt ou tard l'instruction publique, à faire justice des petits abus, nous ne voulons signaler que les principaux.

Chapitre V. *Facultés de droit et de médecine*, 220,000.

Point d'observation sur ce chapitre, sinon que ces facultés donnant lieu à des dépenses, ainsi que toutes les autres

subdivisions de l'instruction publique, auraient été, comme
elles en général, plus convenablement placées sous la surveillance d'un ministère responsable, que sous celle d'un
conseil qui ne peut présenter la même garantie.

Chapitre VI. *Dépenses extraordinaires*, 340,000.

Il est impossible de passer dans ce chapitre une somme
de 30,000 pour indemnités aux artistes qui avaient des loge-
mens à la Sorbonne, et 40,000 pour ceux qui désireraient
traiter à forfait de leur indemnité; 30,000 d'indemnités
de la première espèce, supposeraient au moins vingt artistes
somptueusement logés, et l'on connaît la valeur des loge-
mens dans ce quartier, et le nombre beaucoup moindre des
artistes qui les occupaient. Quant à la seconde nature d'indemnité, il est inutile de traiter à forfait pour des charges
viagères dont l'extinction est plus ou moins prochainement
assurée : ce n'est pas être trop parcimonieux que de rayer
sur ce chapitre 25,000.

En analysant chacun des chapitres du budget ci-dessus,
en proposant les diverses économies dont il est susceptible,
nous sommes partis de la supposition à laquelle nous ne
pouvons renoncer, que l'instruction publique passerait sans
délai dans les attributions d'un ministre ou d'un directeur
général. Tout semble indiquer que ce système ne tardera
pas, en effet, à être adopté, et la vacance prolongée de la
présidence du conseil royal pourrait être un achemine-
ment à la suppression du conseil lui-même. Mais ce changement fut-il encore ajourné, les réductions proposées
n'en seraient pas moins nécessaires, puisque tout en les
spécifiant, nous avons laissé à l'université son chef, ses inspecteurs et une grande partie de ses officiers. Quant à ce
conseil dont je ne puis reconnaître l'utilité, il serait facile,

si l'on voulait en conserver un , de le composer de ces mêmes inspecteurs accoutumés à exercer déjà une grande influence, ou à leur défaut,   de ces savans, de ces littérateurs, de ces jurisconsultes renommés qui, appelés tout-à-tour suivant la nature des affaires que l'on aurait à discuter, ne refuseraient pas l'honneur de donner *gratuitement* les conseils d'une expérience acquise par des succès. Il est donc impossible, même en renonçant à la réunion entre les mains du ministre de l'intérieur, de toutes les parties de l'instruction publique, de ne pas insister sur chacune des économies que nous avons indiquées plus haut.

Récapitulation de ces réductions :

Chapitre Ier.	250,000.
Chapitre II.	55,000.
Chapitre VI.	25,000.
Total.	330,000.

Ce qui réduirait le budget de l'université à 2,094,200.

CHAPITRE XIII.

Poudres et salpêtres.

Ce chapitre figure au budget de 1822 *pour ordre* seulement, et comme budget particulier de la direction des poudres et salpêtres; il est de 3,148,096.

Le service des poudres et salpêtres, comme celui de l'instruction publique, est porté *pour ordre* seulement au budget général, dont, par les mêmes raisons, il devrait faire une partie *matérielle*, ainsi que les autres services qui le constituent. On ne peut guères proposer de le réunir au ministère de la guerre, malgré l'analogie de ses attributions avec le service militaire; les détails minutieux de ses opérations, tant pour la fabrication des poudres que pour leur débit, suffisent aux travaux d'une administration spéciale, et plusieurs inconvéniens pourraient résulter de leur réunion à un ministère déjà bien assez compliqué : mais comme il n'est point, d'après les principes représentatifs, d'opérations administratives ou financières qui puissent échapper aux garanties de la responsabilité; c'est sous celle du ministre de la guerre, investi par conséquent du droit de les surveiller, que doivent se présenter aux chambres les calculs du budget des poudres et salpêtres, et leur résultat *arrêté par les chambres,* doit faire partie matérielle et intégrante du budget général. L'administration des domaines, celle des contributions indirectes, etc., sont bien assujetties, sous la surveillance du ministre des finances, à fournir l'état de leurs recettes et de leurs dépenses; pourquoi celle des poudres et salpêtres ne présenterait-elle pas aussi, sous le contrôle et la responsabilité du ministre de la guerre, son budget particulier?

C'est conséquemment à ces principes que nous avons à examiner les élémens de comptabilité de cette administration. Il y a peu d'observations à leur appliquer; les frais y sont assez clairement établis, les bénéfices sont recueillis on ne sait trop pourquoi, par la direction des contributions indirectes, qui en fait état dans le budget de ses recettes particulières; les dépenses sont payées par les diverses administrations auxquelles les poudres sont livrées au prix coûtant, et font aussi partie de leurs budgets. D'après ce mode, et en attendant qu'on y substitue un budget spécial de recettes et de dépenses, sous la responsabilité du ministre de la guerre, il faut bien, puisque les recettes sont déjà portées à celui des contributions indirectes, et les dépenses couvertes par le remboursement dé diverses administrations, ne présenter ici que *pour ordre* ce résultat *en dépense* de 3,148,096. Nous porterons la même somme aussi *pour ordre* au chapitre *recettes* du budget général.

De tout ce qui a été dit ci-dessus, il résulte que tout en laissant à *l'avenir* le soin de mûrir un système d'économie générale capable de diminuer de plus de cent millions la charge qui pèse sur les contribuables, tout en ajournant des réformes nécessaires, dont l'improvisation pourrait froisser trop fortement quelques intérêts particuliers, tout en allouant à la guerre et à la marine des sommes assez considérables pour leur laisser prendre une extension vivement désirée par la prévoyance et par le patriotisme, il est impossible de se refuser sur toutes les parties du service pour 1822, à une réduction de 16,549,960, et conséquemment de ne pas réduire le budget total des dépenses de l'état à 878,563,676.

Voyez l'état ci annexé, page 181.

DEUXIÈME PARTIE.

VOIES ET MOYENS.

Il est facile de voir que retenus par des considérations de haute politique, dans les chapitres précédens, nous n'avons insisté que sur des économies, dont la facilité n'était pas moins clairement démontrée que la nécessité. En laissant au temps et à un système moins fécond en prodigalités le soin de mûrir pour l'avenir des fruits plus abondans, il ne nous a été possible, [sur un budget énorme de 895,113,636, de soulager les contribuables que d'une modique réduction de 16,549,960 : il est consolant de penser, néanmoins, qu'avec une ferme détermination et quelque persévérance, un Gouvernement sage pourra ajouter chaque année aux premières améliorations, et faisant marcher de front l'amortissement de sa dette avec le retranchement progressif des dépenses inutiles, présenter dans une perspective certaine et peu éloignée, un état véritablement florissant de la fortune publique. Il n'en est point en Europe qui soit susceptible, en moins de temps, de plus de prospérité ; mais nous sommes réduits, quant à présent, à chercher à couvrir nos énormes besoins par nos faibles ressources, et pour l'année 1822, comme nous l'avons vu, 878,563,676 fr. nous sont encore indispensablement nécessaires.

C'est ici qu'il est utile de faire observer que ce n'est pas seulement sur la plus ou moins grande quotité des dépenses dont il lui faut supporter le poids, qu'une nation règle le degré d'approbation qu'elle peut donner à son gouvernement, sous le rapport de son système financier. C'est surtout à la manière plus ou moins judicieuse dont les impôts sont assis, à la proportion plus ou moins équitable avec laquelle on y fait concourir tous les différens produits, qu'elle subordonne sa résignation et l'abandon de ses sacrifices. Il est facile à une administration routinière de présenter un tableau positif de ses besoins, et une nomenclature de produits destinés à y satisfaire. La question n'est pas dans la nécessité de pourvoir aux dépenses reconnues indispensables de l'administration ; elle est dans le choix à faire et dans la proportion à établir entre les différentes sources de la fortune nationale. Fidèles au principe développé plus haut de ne faire supporter que des charges tolérables à l'agriculture, au commerce et à l'industrie, et de trouver ailleurs des supplémens nécessaires à ce qu'il serait impossible de leur demander, sans impolitique comme sans injustice, nous allons tâcher de l'appliquer successivement à toutes les parties du revenu national. Là, comme dans la première partie de cet essai, nous suivrons l'ordre indiqué par le Gouvernement dans la présentation de la loi financière de 1822, nous indiquerons, pour l'avenir, d'autres produits, qu'il est juste de faire concourir à l'allégement de tous les autres.

CHAPITRE PREMIER.

Enregistrement et domaines.

(Ce chapitre figure en recettes au budget de 1822 pour 160,165,000.)

Dans l'examen d'un budget il n'en est pas des recettes, ainsi que des dépenses qui le constituent. Dans les premières on est obligé de s'étendre minutieusement sur tous les détails, de scruter pièce à pièce chacun des articles qui se présentent, pour y trouver de l'exagération dans les sommes, et une réduction qui en soit la conséquence. Ici, au contraire, la discussion la plus approfondie ne pourrait nous conduire qu'à démontrer des abus dans la perception, sans que l'urgence des besoins nous permît malheureusement de diminuer d'ici à quelque temps la masse des produits destinés à y subvenir. Sans cet état de gêne, qui n'est pas au surplus un prix trop élevé de nos acquisitions constitutionnelles, le droit d'enregistrement serait sans doute un des premiers à modérer. Il est dur, il est injuste de prélever dans une succession souvent obérée, des droits sur un actif absorbé par des dettes passives qui n'entrent pas en compensation. Il est immoral qu'une banqueroute réelle ou frauduleuse ne puisse être attaquée par ceux dont elle compromet la fortune, parce que le domaine et l'enregistrement sont là pour rendre illusoire un jugement qui les vengerait. Il est d'autres abus encore, qu'il serait possible de signaler dans cette administration; mais vu

l'impossibilité de dessécher aucune des sources dont l'a-
bondance peut seule réparer l'immensité de nos désastres,
il faut bien se résoudre à ajourner certaines réformes malgré leur nécessité. La chose importante à méditer aujour-
d'hui, après la réduction des dépenses inutiles, c'est le
moyen d'augmenter les produits sans rien ajouter aux
charges qui pèsent déjà d'un poids si accablant sur les contribuables, et dans celui qui nous occupe, on n'y parviendra, ainsi qu'il a été dit plus haut, que par un système
de perception plus économique.

Il est cependant une observation importante à faire sur
ce chapitre, c'est que le droit de mutation des propriétés
procure toujours au trésor, depuis quelques années, des
rentrées moins abondantes que celles qu'il pourrait en attendre, vu son énormité. Pourquoi cette diminution de
fertilité dans une branche de produit qui n'en devrait pas
être susceptible? Ne serait-ce point qu'on ne s'occupe
d'acquérir une propriété que quand une fixité absolue
dans les institutions garantit une tranquillité favorable au
propriétaire, et que nous ne nous rapprochons pas chaque année de cet heureux état? Serait-ce surtout parce
que des préventions maladroitement entretenues contre
une espèce particulière de propriétés, en rend à-la-fois les
aliénations plus rares, et les prix moins avantageux? Tant
il est vrai que ce qui peut élever en politique des discus-
sions de parti, est souvent aussi en finances une erreur déplorable. Qui pourrait calculer les sommes qu'a déjà coû-
tées au trésor cette différence impolitique entretenue par
des déclamations qu'encourage trop, quoiqu'elle en dise,
l'acquiescement tacite de l'administration, et de quelles
ressources la même cause doit peut-être le priver encore?
Quoi qu'il en soit, au surplus, des motifs réels de cette di-

minution dans les produits de l'enregistrement, elle ne peut que faire sentir avec plus de force la nécessité de diminuer au moins par des mesures dont le Gouvernement a l'initiative, les frais de leur perception.

CHAPITRE I I.

Forêts.

(Cette administration concourt au buget des recettes pour 16,5oo,ooo.)

Que dire de cette nature de produits après les obser-vations précedemment faites au chapitre des frais de perception ? Si l'on n'a que trop d'accusations fondées à porter en général contre les gouvernemens , il est rare qu'elles aient pour objet leur indifférence pour les revenus, et leur négligence à en entretenir la masse. L'adminis-tration des forêts n'a pas à cet égard plus de reproches à se faire que toutes les autres. Active à percevoir les revenus forestiers de l'état, que ne l'est-elle un peu moins à les dissiper ! Il existe peu de moyens, il faut en convenir, de rendre cette ressource plus productive, mais il en serait mille d'empêcher qu'il ne s'en écoulât une partie avec tant d'inutilité : il ne faut pas se lasser de le répéter, parce que les abus ne se lassent pas de lutter contre les réformes, une plus grande abondance dans tous les produits, et surtout dans ceux dont il s'agit en ce moment, tient à l'adoption d'un autre sys-tème administratif, à la diminution surtout du nombre des comptables chargés de les percevoir.

CHAPITRE III.

Douanes et Sels.

(Ce chapitre figure au budget pour la somme de 124,000,000.)

Quelque considérable que puisse paraître cette espèce de produits, elle pourrait le devenir encore davantage, et loin de surcharger de nouvelles entraves le commerce français, il en résulterait pour ses fabriques une émulation, et une direction pour son industrie qui lui crée‑raient au contraire des ressources de plus. C'est ici le cas d'appliquer une des considérations développées dans le premier chapitre de cet abrégé. Qui empêcherait donc de frapper d'un droit beaucoup plus considérable, en augmentant la peine de la fraude dans la même propor‑tion, les objets d'origine lointaine qui n'ont ni valeur in‑trinsèque, ni utilité véritable, ces tissus en particulier que je n'appellerai pas *adultères*, (1) parce que leur effet sur les mœurs est étranger à des calculs d'industrie et de finances, mais dont je flétrirai la mode du nom d'anti‑nationale, ainsi que les beautés peu réfléchies qui ne se doutent pas probablement d'encourir un pareil reproche. Si une prohibition absolue ne vient pas donner aux fa‑

(1) Voyez un discours prononcé par M. Séguier, à une des rentrées de la Cour Royale.

briques indigènes un aiguillon de plus pour leur activité, que du moins le prix de l'introduction, et l'obstination vraisemblablement croissante de l'opulence à se procurer ces futilités , soient pour notre prospérité financière un dédommagement : il en doit être de même de tout ce qui est objet de luxe, de fantaisie et d'inutilité. Nous offrons en ce genre assez de ressources pour ne pas autoriser *gratis* les extravagances d'origine étrangère. Cet objet seul augmenterait les produits de la douane de plusieurs millions, sans faire courir à notre commerce les inconvéniens de la réciprocité; car ce n'est pas à Cachemire et dans le Mogol que nous exportons nos ouvrages manufacturés; et dans les pays où sont nos relations commerciales, elles éprouvent dejà dans ce genre un désavantage dont toute l'influence tant vantée de notre gouvernement n'a pu parvenir encore à nous affranchir.

Il est impossible de n'être pas frappé d'une observation faite l'année dernière par M. le rapporteur de la commission, et surpris en même temps du peu d'effet qu'elle produisit dans le sein de la représentation nationale , c'est que l'estimation du produit isolé des douanes portée au budget de 1821 pour 70,000,000, était basée sur des calculs bien singuliers, puisqu'il est vrai qu'en 1819, ayant été en janvier et février, de 13,932,149, il s'éleva en totalité à 112,000,000; qu'en 1820 ayant été aussi en janvier et février, de 16,844,283 , il fut à la fin de l'année de 127,000,000 , et qu'enfin en 1821 ayant donné dans les deux premiers mois 19,603,370 , il aurait du promettre au delà de 140,000,000. Ce qui était fondé en raison en 1821 , n'a rien perdu de sa logique en 1822, puisque la même estimation n'est au budget que de 72,000,000. C'est aux comptes à rendre raison de cette contradiction, et aux chambres à faire porter le boni en déduction des dépenses de l'année suivante; mais dans tous les cas, il serait plus régulier de former une évaluatiou à peu près juste, que de la rectifier dans la rédaction d'un compte subséquent.

Pour les frais de *perception*, *voyez le chapitre y relatif.*

CHAPITRE I V.

Contributions indirectes.

(Ce chapitre est au budget de 1822 pour 193,250,000.)

Il est un article dans ce chapitre qui n'est porté en recettes que pour 445,000, et que nous proposerons de porter dès cette année à 890,000, c'est celui des cartes. Pourquoi ce droit levé sur les loisirs du luxe, pour ne rien dire de plus, ne serait-il pas porté à un taux assez considérable pour en doubler le produit, même en faisant la déduction de ce dont une cherté plus grande en diminuerait la consommation? et puisque l'on croit devoir faire de leur débit un privilége exclusif pour le fisc, pourquoi ne remplirait-il pas, par un impôt plus fortement frappé sur l'oisiveté seule, l'objet évident de ce monopole?

Il en doit être de même des licences, qui ne sont que des exceptions aux lois générales. Sans discuter ici la question de savoir si ces sortes de tolérance ne rentrent pas elles-mêmes dans la série proscrite des priviléges, il est juste au moins que la fortune publique en tire des ressources plus proportionnées aux inconvéniens qui peuvent résulter de la violation d'un principe. Si le ministère voulait donner à la curiosité des profanes une communication franche et détaillée de chacune de ces licences,

de la nature des objets pour lesquels elles sont accordées ;
du bénéfice présumé qu'elles doivent procurer, il serait
facile d'offrir des vues positives à cet égard. Tout ce qu'il
est possible d'attester malgré la privation de ces documens,
c'est qu'en augmentant de moitié le prix attaché à ces
sortes de concessions, dont le produit actuel est de
3,090,000, il sera facile d'économiser encore sur cet article environ 1,545,000 qui, joints aux 445,000 sur la
vente des cartes, formeront un accroissement de produits
de près de deux millions : donnons leur de suite une
compensation.

On ne peut se dissimuler à quel point les entrées sur les
boissons excitent de justes réclamations; combien elles sont
onéreuses dans les villes, à toutes les classes de consom-
mateurs ; combien il est contraire aux règles rigoureuses
de l'équité, que la même denrée qui ne coûte rien dans
telle ou telle commune, parce qu'elle a le bonheur, sous
ce rapport, de n'être point enfermée dans des murs, soit
assujettie dans telle autre ville à un droit d'autant plus
considérable qu'il s'y fait de la même denrée une plus
grande consommation. Or, quelle plus belle occasion que
ces deux millions recouvrés sur les deux articles précédens, pour diminuer de moitié le droit assis sur l'entrée
de ces boissons, devenues, dans les villes surtout, si nécessaires ? Cette nature de recette étant évaluée 14,000,000,
il s'ensuivrait un déficit de 7,000,000 dans la somme
perçue par l'administration des contributions indirectes,
déficit réduit véritablement à 5,000,000, par l'augmentation recouvrée sur les deux articles précédens, et l'on
verra par le tableau définitif de nos recettes et de nos
dépenses, que nous sommes en état de faire un pareil
sacrifice. Portons donc ce chapitre seulement à 188,250,000

Quand aux frais de perception, si ridiculement exagérés dans cette partie, nous en avons parlé en son lieu, il est inutile d'y revenir.

CHAPITRE V,

Postes.

(Ce chapitre figure au budget de 1822 pour , 23,900,000.)

Il paraît impossible d'augmenter les produits de cette branche de l'administration ; une seule observation se présente dans l'exposé des recettes présumées de 1822 , et comme elle est commune à toutes les directions générales, comme à tous les ministères, il est bon de ne pas la laisser échapper. Elle est relative à un article de 200,000 , pour recettes , dit la proposition du budget, *extraordinaires*. Il serait temps que l'on renonçât enfin , tant pour la recette que pour la dépense où ce genre d'abus a encore de plus graves inconvéniens , à toutes ces énonciations vagues et indéfinies qui laissent une latitude si fatale à tous les abus. Les chefs d'administration ne savent-ils pas fort bien, quand ils annoncent une recette, de quelque nature qu'elle puisse être, quelle est positivement l'espèce de droit qui la leur doit procurer: quand ils font une dépense quelconque, en ignorent-ils davantage la nature et la qualité ? Et en supposant le cas infiniment rare ou faute de données suffisantes ils ne peuvent, tout en prévoyant une dépense ou une recette , savoir au juste la somme positive à laquelle elle doit s'élever, peuvent-ils être dispensés dans les comptes, lorsque les opérations sont consommées, d'en préciser d'autant plus minutieusemeut les détails, qu'ils ont été forcés de les négliger dans la présentation première du budget. Cependant nous voyons toujours rendre compte sous le nom de *dépenses extraordinaires*, de *recettes diverses*, de *dépenses* ou de *recettes imprévues*, des sommes demandées sous les mêmes dénominations. Les ministres ne se persuaderont-ils donc jamais qu'il est de leur devoir et de leur intérêt, de leur responsabilité du moins morale, de fournir les élémens les plus clairs à la fois et les plus précis de leur comptabilité. C'est à cela surtout qu'est attaché l'honneur d'une gestion dont il ne suffit pas qu'aucune preuve matérielle ne vienne attester les abus, mais dont il faut encore que la lumière la plus vive vienne éclairer la parfaite loyauté. Qu'ils sachent que la malheureuse compensation des grandeurs qui les éblouissent, est la jalousie de leurs inférieurs, l'examen le plus scrupuleux de leur administration, le désir bien souvent de les trouver en défaut, et que si la réputation d'un simple particulier tient à l'ensemble de sa conduite, c'est à ses détails les plus minutieux que la carrière d'un ministre doit souvent ou son éclat ou sa honte. Ce n'est point ici l'expression d'une humeur chagrine, encore moins celle d'une basse jalousie, c'est la manifestation d'un principe redouté seulement du comptable embarrassé par la conscience de ses abus, et dont l'homme pur, au contraire, appellera de toutes ses forces l'application.

CHAPITRE VI.

Loteries.

(Ce chapitre est porté en recettes au budget pour 14,000,000.)

Tout homme convaincu que la morale publique est aussi un produit à ménager dans un gouvernement bien réglé, nous verra sans étonnement supprimer tout-à-fait cette branche honteuse de la fortune publique. Quoi ! pour une misérable somme de dix millions, car ils ne restent pas nets, déduction faite des lots gagnans et frais de perception, on ne rougit pas d'arracher à la faiblesse, à la cupidité, à toutes les passions, la somme énorme de 51,000,000. La morale est outragée, tous les devoirs de famille sont violés, le pain d'une femme et de ses enfans leur est arraché pour fournir aux chances d'une fortune à peu près impossible : le gouvernement voit tous ces scandales, et pour toute réponse à l'homme indigné qui lui demande de les faire cesser, il ose lui dire : ce sont dix millions qu'il me faut. Hommes d'état de la minute, savez-vous ce qu'ils coûtent, ces dix millions, à la reproduction, et par conséquent aux richesses nationales ? Savez-vous à combien de changemens de propriétés, d'établissemens, de spéculations nouvelles, d'entreprises productives seraient employés ces 51,000,000 qui vous en rapportent dix ? Savez-vous combien de droits vous auriez à percevoir en enregistrement, en patentes, en contributions de toute espèce sur ces fonds aujourd'hui stériles ? Et quand il serait vrai qu'une diminution toujours très-légère dans les revenus du fisc dût être le fruit de la suppression de cet infame monopole, n'avez-vous pas d'autres produits à atteindre ? J'espère vous en indiquer dont la perception ne sera le fruit ni de la misère des contribuables, ni des outrages faits à l'humanité. En attendant, envisagez si vous l'osez, de sang froid, ces piéges que vous tendez à la faiblesse et à la crédulité. Car ce n'est pas sur la passion déjà enracinée que vous opérez avec cet affreux succès qui nourrit votre insensibilité ; vos plus grands triomphes ne sont pas dans ces brillantes capitales où l'or du vice opulent a besoin d'égoûts pour s'y précipiter ; c'est dans les villes manufacturières, c'est dans les campagnes fertiles que vos bureaux insidieux vont chercher l'ouvrier, l'artisan, le cultivateur pour leur présenter l'appas de la séduction, et la possibilité d'une fortune qui ne sera jamais qu'illusoire. Non, point de grâce pour cette source impure d'une richesse qui déshonore ; qu'elle soit fermée sans délai ; qu'au premier juillet prochain, puisque l'année 1822 a vu encore ce scandale, il n'existe plus ni administration de loterie, ni bureaux, ni victimes. Ce sera pour les années subséquentes une perte de dix millions facile à récupérer, pour celle-ci elle n'en supportera que la moitié ; retranchons donc de la somme des produits celle de 7,000,000, sans perdre de vue que nous avons économisé en dépense sur ce même article, au chapitre des frais de perception, celle de 2,569,875.

CHAPITRE VII.

Versemens au trésor par la ville de Paris, en vertu de la loi du 19 juillet 1820.

(Cette recette est portée au budget pour 5,500,000.)

C'est en 1821 que figura pour la première fois au budget ce produit que la morale et le bonheur des familles s'indignent de voir figurer depuis si long-temps au nombre des fléaux qui les compromettent. Sans traiter ici la question politique d'une prétendue nécessité des jeux publics dans une grande capitale, sous le prétexte que des imprudens iraient risquer dans des tripôts clandestins leur vie avec leur fortune, comme si la police n'était pas là pour prévenir aussi ce désordre, comme si elle pouvait arguer d'une chimérique impuissance dans un temps où nous la voyons si active et si fière de ses succès dans des recherches d'autre nature ; sans entrer, dis-je, dans ces considérations qui nous mèneraient à une discussion longue et délicate, du moins étonnons-nous que ces revenus honteux aient tardé si long-temps à paraître au grand jour, sous le prétexte ridicule de leur impureté même. Quoi ! l'on ne craignait pas d'avouer qu'ils étaient flétrissans, et c'était en les appliquant à des dépenses dont on n'osait avouer la nature, qu'on prétendait en racheter l'ignominie ! Et pour leur faire perdre un pareil caractère, on les consacrait à des pensions scandaleuses pour des favoris, à des encouragemens pour la délation ! Rendons grâces à la représentation nationale qui, tout en laissant subsister encore tant d'autres abus, n'a pas laissé du moins prolonger le scandale de celui-ci ; faisons des vœux pour que le produit infame des jeux, s'il survit à l'expiration d'engagemens dont la morale autoriserait même dès aujourd'hui la résiliation, s'il brave plus long-temps le cri accusateur des pères de famille, ne cesse plus du moins de tourner au profit de la chose publique !

CHAPITRE VIII.

Produits divers.

(Le chapitre des recettes diverses est porté au budget pour 5,723,000.)

Sous cette dénomination sont réunies plusieurs sortes de produits dont la nature devrait être plus spécialement détaillée. Que signifie, dans une nomenclature de recettes diverses, cette vague énonciation, *produits de diverses origines ?* Ce sont précisément ces différentes origines qu'il serait indispensable d'indiquer, pour mieux faire apprécier la justesse de leur évaluation. On me répondra encore qu'elles le seront dans les comptes rendus ; mais outre que cela serait insuffisant, et que la même mention devrait être faite dans la présentation de la loi financière pour plus de régularité, elle ne le sera pas même complettement dans les comptes, s'il faut y voir comme sur celui de 1819 au chapitre dont il s'agit, une recette de 98,739, 86 c. sans autre désignation que celle-ci, *recettes à divers titres.* Mais passons à des observations d'un ordre beaucoup plus important.

Au nombre des recettes diverses figurent des rentes, des reconnaissances de liquidation, des annuités et des actions de salines, pour une somme de 867,290 ; ici les détails sont clairement exprimés. C'est à ces diverses natures de produits qu'est applicable le principe de ne laisser au trésor d'autres revenus que ceux que lui alloue chaque année le budget, surtout de ne pas laisser entre les mains du ministère, des valeurs dont il puisse abuser en réalisant les capitaux pour des dépenses d'intrigue , de corruption , ou tout au moins de profusion et d'illégalité. La responsabilité des chefs de l'administration est sans doute une considération rassurante quand à l'emploi qu'ils peuvent faire de pareilles ressources ; mais outre qu'elle est seulement un principe qui, comme tant d'autres , attend encore chez nous son application , il vaudrait mieux, dans le cas même d'une garantie absolue à cet égard , prévenir les prévarications et les abus , que de s'exposer au danger d'avoir un jour à les réprimer. Je vois d'ici les adversaires de ce qu'ils appellent les nouvelles idées, rétorquer l'argument d'un air de triomphe, et l'appliquer à la liberté de la presse, à la liberté individuelle, et à tous les principes consacrés par le pacte constitutionnel. Mais je prendrai la liberté de leur faire observer qu'il n'y a pas la moindre similitude entre des droits dont rien ne peut entraver l'exercice , et des abus dont il s'agit d'empêcher le scandale, sans nuire aux droits ni aux garanties de personne ; c'est là seulement qu'il est permis, qu'il est prudent et juste de *prévenir* pour n'avoir pas à *réprimer* : après cette petite digression qui ne pouvait être inutile , puisqu'elle rappelle un faux raisonnement que l'on ne se lasse point de reproduire en langage ministériel, je reviens aux valeurs du trésor, pour proposer de les aliéner toutes sans délai pendant que le cours est favorable , et d'en employer les capitaux à des remboursemens ou amortissemens déterminés par la représentation nationale.

Déjà par ordonnance du 8 juillet 1820 , le ministre des finances a été chargé de faire cette opération relativement à 12,514,220 de rente dont le trésor se trouvait propriétaire tant par la rétrocession des étrangers pour les 100 millions, que par d'autres causes. Cette mesure est sage, et elle aurait l'approbation de tous les financiers, comme de tous les publicistes, si d'abord au lieu d'être le résultat d'une simple ordonnance, elle avait été proposée par le gouvernement en vertu de son initiative, et ordonnée par une loi émanée des trois pouvoirs auxquels il appartenait d'y coopérer; ensuite si cette même loi eût déterminé, ainsi qu'elle l'eût fait nécessairement, l'emploi des sommes devant résulter de cette aliénation, et la forme des comptes à en présenter. Qui peut empêcher aujourd'hui de les consacrer à influencer des élections qu'on pourrait trouver menaçantes, à prendre une part détournée à quelque guerre antisociale ou impolitique, à payer la bienveillance de telle ou telle puissance qui ne doit plus avoir le droit de se mêler de notre politique ni de notre administration, à mille manœuvres enfin arbitraires et illégales, sauf à demander après un bill d'indemnité rendu d'avance infaillible par les choix mêmes obtenus à l'aide de ces menées illicites. Il fallait qu'en apprenant la vente de valeurs si considérables qu'elles ne produiront pas moins de 214,118,305, la France acquît en même temps la certitude que les capitaux en seraient employés à acheter, par le remboursement du reste des 100,000,000, payés aux etrangers, le droit de ne plus souffrir qu'ils prétendissent s'immiscer en rien dans les affaires de son gouvernement, et que le reste servirait religieusement à alléger le fardeau d'une dette qui pèse sur elle encore pour si long-temps. Mais elle a le droit de se plaindre qu'une opération sage dans son principe, mais vicieuse dans sa forme, et maladroite au moins dans ses détails, la prive de cette certitude nécessaire à la fois à son crédit et à sa tranquillité.

CHAPITRE IX.

Contributions directes.

Les contributions directes figurent au budget pour la somme de 312,617,000

Elles sont réparties de la manière suivante :

Contribution foncière et centimes additionnelles..............	227,921,892
Personnelle et mobilière.	42,556,530
Portes et fenêtres..............	21,418,946
Patentes.	20,719,632
	312,617,000

Il est nécessaire d'examiner séparément chacune de ces quatre espèces de produits.

1° Contribution foncière. Nous parlons de l'impôt qui, le plus facile à percevoir et le plus difficile à éluder, est aussi celui que tous les gouvernemens s'accordent à lever avec le plus de rigueur, et qu'ils tiennent dans un état vraiment scandaleux de disproportion avec tous les autres. C'est lui qui a porté tout le poids des crises financières de notre révolution, si l'on en excepte la banqueroute de l'an 6 ; et si quelque taxe extraordinaire était ajoutée au fardeau accablant des tributs annuels, c'était encore sur la taxe foncière qu'en était basée la répartition : Le revenu net territorial de la France étant évalué à 1,200 ou 1,300 millions, c'est à peu près au cinquième que le portent encore les calculs les plus justes en cette matière, et l'expérience de certains arrondissemens prouve qu'il y va jusques au tiers et quelquefois jusques à la moitié. Est-il un produit, soit des capitaux, soit de l'industrie ou du travail, imposé dans la même proportion ? Tel est l'effet inévitable d'une inégalité de répartition à laquelle le cadastre était appelé à remédier, et que l'abandon probable de ce moyen de rectification nous menace de voir perpétuer, si le gouvernement, que nous croyons avoir prouvé en avoir les moyens (voyez l'art. cadastre), ne se hâte d'écouter à cet égard la voix des contribuables et les intérêts bien entendus de l'administration. Mais quelle que soit sa sollicitude ou son apathie, il était impossible d'ajourner plus long-temps une réduction sur cette nature d'impôt, qui, l'année dernière entrait encore dans les produits nationaux pour une portion plus considérable. Le dégrèvement, grace au principe duquel l'année 1821 a éprouvé un soulagement de 13,675,568,19 cent. porté au double en 1822, est sans doute un premier pas vers un ordre de choses plus régulier à cet égard, mais ce n'est encore qu'une justice incomplette, et les contribuables fonciers ont droit à une indemnité plus étendue de leurs sacrifices. Mais ils ne le réclameront qu'autant qu'une nouvelle réduction n'apportera pas encore de nouvelles limites au nombre déjà trop circonscrit des Français exerçant des droits électoraux.

2°. Contribution personnelle et mobilière.

Pour bien juger la contribution mobilière et le vice actuel de sa répartition, il est essentiel de se pénétrer de sa nature et de son but. Elle est instituée pour prélever sur les capitaux et sur les produits du travail et de

l'industrie, le droit auquel ils échapperaient nécessairement, si le revenu territorial était seul frappé d'une
contribution particulière. Pour en asseoir judicieusement
la base, il faut connaître dans qu'elle proportion se trouve
cette espèce de revenus avec celui qui résulte de la propriété territoriale. Il est évalué par les financiers à peu
près au tiers de celui-ci, en sorte que proportionnellement aux 1,200 ou 1,300 millions qui constituent les
produits territoriaux de la France, ce serait à peu près
400 millions de capitaux à imposer, et par conséquent
78 millions à demander à l'impôt dont nous nous occupons. Mais, comme sous le nom de patentes, il est déjà
perçu sur cette sorte de produits une contribution de
20,719,632, il est clair que l'imposition personnelle et mobilière devrait s'élever environ à 58 millions pour être
dans une égale proportion avec l'imposition foncière,
et dépasser par conséquent de près de 16 millions la
somme qui lui est assignée dans le budget de 1822. Faisons de ces 16 millions une égale distribution entre l'impôt foncier qui s'élève trop haut, et la contribution personnelle et mobilière trop ménagée proportionnellement, et il s'en suivra que la propriété foncière serait
encore à dégrèver de 8 millions, et les capitaux mobiliers
passibles d'un surcroit de pareille somme dans leur impôt particulier.

Quant à la répartition, soit qu'on voulut la faire porter également sur l'imposition mobilière et sur la personnelle, soit qu'on jugeât à propos de les faire contribuer par portions inégales, la base devrait toujours être
pour la personnelle, le loyer d'habitation combiné avec
la population, et pour la mobilière un état individuel
dressé par les conseils municipaux d'après la notoriété,

et la propre déclaration des intéressés, en réservant aux mêmes conseils municipaux des moyens de vérification dans le cas ou ils soupçonneraient de la mauvaise foi. Ces administrations domest'ques ont seules les moyens, par la connaissance qu'elles ont des localités, et des fortunes particulières, de mêler à cette opération le moins d'arbitraire qu'il est possible; car il faut bien renoncer, soit dans le mode actuel, soit dans tout autre, à l'en affranchir tout à fait. Il serait juste d'ailleurs, en créant aussi un mode d'appel ou de révision, de laisser une porte ouverte aux réclamations. Mais au moins on pourrait ainsi faire contribuer aux charges de l'état, ces immenses capitaux en portefeuille qu'il est difficile d'atteindre autrement; et les conseils municipaux dont nous parlons, surtout si l'on rendait le mode de leur élection moins suspect aux administrés, fussent-ils tentés de se permettre des répartitions disproportionnées, reculeraient sans doute devant une notoriété évidente.

Il est bien un autre mode dégagé d'arbitraire, et par conséquent plus juste dans son application, c'est celui que plusieurs communes ont obtenu l'autorisation d'adopter, en chargeant leurs octrois d'une augmentation de droits proportionnées à la part qu'elles ont à supporter dans la contribution mobilière. Mais il n'appartient qu'aux grandes villes de pouvoir user d'une pareille ressource. C'est au gouvernement qui possède tant de documens à ce sujet, en s'entourant des lumières des financiers et des publicistes, de chercher les moyens de concilier autant que possible le recouvrement de cette contribution, avec l'absence de l'arbitraire.

3° Portes et fenêtres. Cet impôt qui en est encore un

sur la propriété foncière, pourrait, à la rigueur, être susceptible des mêmes dégrévemens. Cependant comme il
est loin d'être dans une disproportion aussi énorme avec
le produit, comme il frappe plus généralement sur l'aisance, et qu'une diminution ne profiterait peut être que
très peu d'ailleurs au locataire qui l'acquitte, et dont on augmenterait proportionnellement le loyer, enfin, comme il
faut bien, dans l'impossibilité de tout réformer à la fois,
commencer par les abus les plus graves, et ajourner la
suppression de plusieurs autres, laissons le produit des
portes et fenêtres tel qu'il est évalué par le gouvernement,
en appelant sur cet impôt, comme sur tous les autres, plus
d'économie dans les frais de sa perception.

4° Patentes. Je ne puis partager l'opinion de quelques
personnes qui regardent cette nature de contribution
comme injuste, excessive ou impolitique. Sans rechercher
si ceux qui s'élèvent avec le plus de force contre cet impôt,
si modique en le comparant à plusieurs autres, ne sont pas
ceux là mêmes qui en paient le moins tout en accumulant
les plus forts bénéfices, on ne peut nier que le commerce
et l'industrie ne doivent à l'État, qui leur prête l'appui de
ses institutions et la garantie de ses lois, une part plus ou
moins proportionnée à leurs produits, plus ou moins res-
treinte aussi par les accidens qui leur peuvent survenir :
Or quand la contribution foncière porte au 5° au 4°, et
quelquefois à la moitié du revenu le sacrifice qu'elle im-
pose à la propriété, quand il n'en est pas distrait la moindre
partie pour les pertes occasionnées par l'incertitude des
saisons ou la rigueur des élémens ; de quel droit se plaindrait une profession plus féconde en fortunes considérables
acquises par ses résultats qu'en ruines particulières, malgré

les excès du luxe et de la mauvaise foi, de quel droit se
plaindrait, dis-je, la profession du commerce d'un impôt
si modique, on le répète, en comparaison de ses incalcu-
lables bénéfices ? Qu'il y ait des abus dans la manière dont
il est assis, que les Chambres du commerce puissent être
chargées avec plus davantage des détails de sa répartition,
ce sont des questions dont il appartient aux Chambres d'apprécier la justesse; mais quant à l'impôt en lui-même, il est
le dernier susceptible de diminution , malgré la part de
contribution mobilière qui pèse déjà sur le travail et sur
l'industrie ; nous avons prouvé que ces deux natures d'impôt ne sont pas ensemble au niveau de la contribution foncière , et s'il était possible de frapper sans arbitraire sur
ces fortunes colossales, fruit des heureuses spéculations du
commerce et de la Banque, c'est à leurs dépens qu'il serait
juste de décharger certaines contributions de la part qui
pèse avec trop de pesanteur sur la médiocrité et sur la misère. Laissons, en tout cas, les 4 contributions directes s'é-
lever cette année , ainsi que l'annonce le gouvernement,
à 312,617,000.

CHAPITRE X.

*(Transport au budget de 1822, de l'excédant de recette
sur le budget de 1820.)*

Cet excédant figure pour 34,345,o33.

Il se présente peu d'observations à faire sur ce chapitre.
L'impossibilité de déterminer précisément les sommes à
affecter à chaque service particulier, entraîne la nécessité
de reporter à une année suivante les excédans de recettes ou de dépenses, à mesure que les comptes rendus en
constatent la nature et la quotité. Seulement, il serait à
désirer, qu'au lieu de porter en masse ce résultat, il fût
détaillé conformément au compte de chaque administration. Ce serait le seul moyen de rendre faciles les vérifications, et encore une fois, un éclaircissement de plus en
matières de finances, ne fût-il pas rigoureusement nécessaire, à cause des calculs qu'il est possible, en effet, avec
beaucoup de peines et de dépenses, de contrôler sans cette
ressource, est toujours une garantie de l'exactitude d'un
ministère qui ne craint pas de le procurer.

Il est permis d'observer aussi, qu'un excédant de recette
de plus de 34 millions, est la preuve la plus évidente de
l'exagération du ministère en 1820, dans le tableau de ses
dépenses, et de la complaisance d'une majorité ministérielle dans sa facilité à voter des fonds pour y subvenir.

CHAPITRE X I.

Instruction publique.

Les recettes du conseil royal de l'instruction publique sont évaluées , *pour ordre* seulement , à 2,424,200.

D'après ce que nous avons dit en discutant les dépenses du conseil d'instruction publique , on nous dispensera de rappeler des motifs , à l'appui du parti que nous prenons d'en faire figurer *matériellement* les produits au budget général de l'état. Ils sont , disons-nous , de 2,424,200 ; ils peuvent être dans d'autres années plus considérables , et nous ne voyons pas pourquoi un excédant de recettes , s'il existe , ne profiterait pas au trésor, et par conséquent aux contribuables, puisque ce serait à eux à pourvoir au déficit , s'il s'en trouvait définitivement, ce qui ne peut au reste arriver que par la prodigalité d'une mauvaise admi-nistration : portons donc cette recette à 2,424,200.

CHAPITRE X I I.

Poudres et salpêtres.

Les recettes de cette administration figurent aussi, *pour ordre* seulement , au budget , qui les évalue à 3,148,096.

Si l'on se reporte au chapitre 13 de la première partie de cet examen , on se rappellera la répugnance avec laquelle nous avons fait figurer, *pour ordre* seulement, les dépenses de l'administration des poudres et salpêtres, parce qu'il n'en est point, soit quelles servent à couvrir les frais d'un ministère ou ceux d'une direction particulière, qui puissent échapper au principe de la responsabilité, et ne pas figurer conséquemment au budget général ; mais ces mêmes dépenses étant supportées par différentes administrations auxquelles sont livrées, au prix coûtant, les poudres fabriquées, et portées sur leurs budgets respectifs, il a bien fallu, pour éviter le double emploi d'une dépense déjà mentionnée ailleurs , ne porter celle-ci que pour ordre : ces mêmes motifs subsistent, quand à la recette , et les bénéfices sur la vente des poudres étant recueillis, on ne sait pourquoi, par la direction des contributions indirectes, et portés sur son budget particulier , il faut bien aussi ne les faire paraître ici de même, que *pour ordre* ; mais en insistant sur la nécessité de comprendre à l'avenir *matériellement* , dépenses, recettes et bénéfices en un seul budget indépendant de celui des contributions indirectes. Que la direction des poudres et salpêtres soit chargée de la vente des poudres qu'elle fabrique, c'est en évitant une cascade inutile de l'une à l'autre administration, rendre à celle-ci une attribution plus conforme à ses connaissances positives, plus familière à ses employés, et par conséquent plus convenable.

CHAPITRE XIII.

Contributions diverses sur le luxe.

En comparant avec la nomenclature de nos produits, l'état général de nos dépenses diminué d'une partie des économies dont elles sont susceptibles, on voit que la recette excède encore de près de cinq millions la quotité des sommes indipensablemeut nécessaires (1). Mais il ne suffit pas de balancer une année la masse des besoins par celle des ressources, il faut prévoir des nécessités extraordinaires, il faut indiquer pour l'avenir les moyens d'y pourvoir sans emprunt, sans secousse extraordinaire. Quand toutes les branches de la fortune publique ont été dépouillées pour en obtenir des fruits proportionnés à leur fertilité, quand sur tous les produits ont été prélevées des sommes au-delà desquelles toute prétention serait injuste, vexatoire ou impolitique, il faudrait bien, si les justes demandes de la patrie excédaient les ressources offertes par tant de sacrifices, chercher une source nouvelle où puiser de nouveaux moyens. Ce n'est pas aux produits déjà mis à contribution de l'agriculture, du commerce et de l'industrie qu'il serait possible, en ce cas, de faire un semblable appel, ils n'y répondraient qu'en accusant le fisc d'injustice ou d'avidité. Il est une autre espèce de contribuable qui n'a pas encore été seulement effleurée, et ce

____

(1) Voyez l'état général à la fin de cet ouvrage.

_n'est ni le moins productif, ni le plus difficile à frapper. Dans tous les grands états, le luxe apportant à la richesse des jouissances particulières inconnues à la médiocrité, offre aussi à l'administration des ressources spéciales qui doivent diminuer dans une proportion quelconque l'étendue des communs sacrifices. Car il serait injuste, en prélevant sur toutes les nécessités de la vie un tribut immense et malheureusement nécessaire, que ce fussent précisément les fantaisies auxquelles on en doit l'agrément et souvent le scandale, qui eussent la prétention de s'y dérober : en justice rigoureuse comme en bonne politique, le luxe doit donc, au milieu des matières imposables d'un empire avoir un rang particulier, et ce n'est pas en France où ses produits sous des formes variées, sont si généralement recherchés, qu'il pourrait ne fournir à la masse qu'un contingent à dédaigner. Nous avons vu d'ailleurs combien la crainte de rallentir par des impôts de cette nature la fabrique ou le débit des objets de luxe ou de vanité, était absurde et chimérique.

Présenter à la méditation du gouvernement des considérations de cette nature, ce n'est pas s'engager à lui soumettre en détail tous les calculs qui, dans un moment pressant, devraient précéder la présentation d'une loi à cet effet. C'est à ses bureaux qu'il appartiendrait de faire la nomenclature des objets à imposer, la supputation des sommes à en espérer. Ne craignons pas seulement d'avancer que cet impôt, juste par sa nature et aussi facile que les autres dans sa perception, couvrirait largement le deficit qui pourrait se trouver entre les besoins reconnus et les moyens indispensable pour y satisfaire.

Au lieu d'entrer dans le détail des ressources que pourrait offrir en France un impôt judicieusement assis sur les consommations du luxe et de la vanité, repoussons toute analogie qu'on pourrait établir entre cette mesure et les *lois somptuaires* dont tous les publicistes ont été forcés de reconnaître l'injustice ou l'insuffisance. Il ne s'agit point ici, comme dans les temps reculés, de proscrire l'usage de tel ou tel objet dispendieux ou frivole, de borner telle ou telle classe de citoyens, tel ou tel individu dans ses fantaisies, mais seulement de rendre utiles à la société les caprices de la mode, les profusions de l'opulence et les extravagances de la vanité. Au lieu d'interdire, comme certains empereurs chez les Romains, l'usage des habits richement brodés, ou teints d'une certaine couleur, au lieu de spécifier comme Philippe-le-Bel, le nombre et la qualité des robes suivant le degré de noblesse des femmes qui les porteront, au lieu de défendre, comme Louis XII, tout ouvrage d'orfèvrerie au-dessus d'un poids déterminé, ou comme François I et Henri II, toute étoffe d'or et d'argent, autorisez, au contraire, toutes ces profusions, à la charge de compenser, par un concours aux charges publiques, le privilége de la fortune, et l'atteinte portée par l'opulence souvent orgueilleuse à l'amour propre toujours un peu susceptible de la médiocrité. Voyez dans la capitale et dans les villes riches de la France, voyez même dans les retraites plus cachées, mais non moins superbes, des Crésus de province, ces équipages, ces livrées, ces domestiques sous toutes dénominations, ces armoiries sur lesquelles il serait possible de percevoir un impôt qui ne serait pas le moins productif, si l'on pense qu'il ne serait jamais disproportionné à la futilité de son objet, ni éludé par l'orgueil du contribuable. Étudiez chacune de ces modifications de la vanité, calculez toute l'étendue des sacrifices que chacune est disposée à consentir, sans rien diminuer de l'activité des consommations, et si la somme de ces nouveaux produits ne répond pas exactement au déficit qui pourrait exister dans une grave circonstance entre nos moyens et nos besoins reconnus, soyez assurés qu'il y aurait plutôt excédant qu'insuffisance. Une autre considération, qui ne saurait être nulle dans le système que nous proposons, c'est que l'impôt sur le luxe étant subordonné à la position plus ou moins exigeante du trésor après l'épuisement des impôts ordinaires, les hommes appelés par l'influence naturelle de la richesse à siéger en grand nombre sur les bancs de la représentation nationale, auraient un intérêt personnel à faire prévaloir dans toutes les dépenses un système d'économie qui pût assigner au luxe une part d'impôt moins considérable.

C'en est assez probablement pour rendre incontestable à tous les yeux la convenance de faire supporter au luxe la partie des charges publiques compatible avec la nécessité de ne pas ôter à l'industrie ses moyens de développement; et les sommes à répartir entre les objets différens qu'un ministère éclairé appellerait à y concourir, ne sauraient être regardées comme au-dessus des sacrifices que l'état a le droit de leur demander : nous ferons au chapitre suivant, l'application de ce principe.

CHAPITRE XIV.

Conclusion.

Il est aisé de voir par cet exposé, que l'économie de 16,549,960, réclamée pour l'année 1822, toute importante qu'elle puisse être pour le soulagement réel qu'elle apporterait aux contribuables, ne peut être considérée cependant que comme une transition à des réformes plus considérables. La suppression des loteries, et une diminution de moitié sur l'entrée des boissons, sont des bienfaits à réclamer dès cette année; mais il en est d'autres, tel qu'un mode plus économique de perception, l'achèvement du cadastre etc., qu'il serait injuste de vouloir obtenir aussi précipitamment. Parmi les mesures à prendre pour imprimer à notre système de finances un caractère de moralité à la fois et d'économie, il en est donc de susceptibles, aujourd'hui même, d'une facile exécution, et d'autres qu'il est prudent de ne montrer que dans une perspective un peu moins rapprochée. La situation financière de la France ne se présente pas à l'œil du patriotisme sous un jour moins favorable, puisqu'avec des ressources suffisantes pour faire face à des dépenses même aussi abusivement exagérées qu'elles l'ont été jusqu'ici, nous voyons dans le présent et dans l'avenir des moyens de les diminuer, en ajoutant encore au développement des services véritablement utiles; si même par des événemens impossibles à prévoir, la masse des besoins se

trouvait encore augmentée , nos ressources ne se trouveraient pas pour cela totalement épuisées. Comme il convient dans tout édifice régulier de poser les bases avant de
s'occuper des détails , il ne sera pas inutile à la suite de
l'énonciation des principes , et des applications différentes
qui en ont été faites , de rappeler en forme de résumé ,
les dispositions premières par lesquelles il est urgent de
procéder à une réforme totale si nécessaire. C'est sous la
forme de *projet de loi* que nous les spécifierons ici :
cette forme, plus positive que toutes les autres , plus ap-
propriée à l'habitude que nous commençons à contracter
du gouvernement représentatif, indiquera mieux nos idées
et nos réclamations. Voici donc des mesures législatives ,
que nous appuirions de toute notre influence, si nous en
avions quelqu'une dans les travaux de la législation française.

Mesures à consacrer dans la session de 1822.

Projet de Loi.

ART. Ier. Sont supprimées, dès ce moment même, les
dépenses suivantes :

1° La présidence du conseil des ministres;

2° Le traitement des ministres d'état , membres du
conseil privé ;

3° Les sous-secrétaires d'état dans les différens ministères ;

4° Le comité de révision des liquidations de l'arriéré.
(Le ministre des finances en fera terminer les travaux
dans ses bureaux ordinaires.)

12

5° L'école spéciale d'état-major. (Les élèves en seront admis de préférence dans les autres écoles militaires.)

6° Les commissaires généraux de police à Lyon et à Bayonne ; les censeurs dramatiques à Paris ; la commission de censure et deux inspecteurs généraux de la librairie, sur les quatre qui existent en ce moment ;

7° L'administration des subsistances militaires. (Elle est réunie au ministère de la guerre, sous la surveillance d'un chef de division particulier.)

ART. II. La loterie est supprimée, à partir du 1er juillet 1822.

ART. III. Les représentations *gratis* pour la St.-Louis sont à la charge des villes qui les ordonnent.

ART. IV. L'impôt des cartes sera doublé, celui sur l'entrée des boissons sera diminué de 50 p. %.

ART. V. Aucune espèce d'impôt ne pourra être augmenté à l'avenir, qu'il n'ait été frappé préalablement une contribution sur les objets de luxe, jusqu'à concurrence de quinze millions.

ART. VI. A partir de la session prochaine, le ministre des finances sera tenu de joindre à la proposition du budget annuel, les états suivans :

1° L'état nominatif des extinctions qui auront eu lieu dans l'année précédente, sur la liste des pensionnaires civils, militaires et ecclésiastiques ;

2° L'état nominatif des pensions civiles, militaires et ecclésiastiques, accordées depuis l'année précédente ;

3° L'état nominatif des extinctions survenues dans les créanciers viagers de l'état ;

4° L'état nominatif des cautionnemens, et des intérêts auxquels ils donnent lieu ;

5° L'état nominatif des membres de la chambre des

pairs touchant un traitement, et la quotité de ce même traitement. »

Art. VII. A partir du 1er janvier 1823, le conseil royal d'instruction publique sera supprimé ; ses attributions passeront au ministère de l'intérieur, sous la direction d'un chef de division particulier ; ses recettes et ses dépenses seront portées au budget général de l'état.

Art. VIII. A partir de la même époque, la direction des poudres et salpêtres sera chargée de la vente des poudres : le budget de ses recettes et de ses dépenses sera, sous la surveillance du ministère de la guerre, porté aussi au budget général de l'état.

Art. IX. Le produit de la vente des 12,514,220 de rentes prescrite par l'ordonnance du 9 juillet dernier, est affecté dans l'ordre mentionné au présent article.

1° Au remboursement de toutes les créances exigibles, dues par l'état ;

2° Au rachat et annullation immédiate des reconnaissances de liquidation ;

3° A l'amortissement de tout ce qui peut être dû par le trésor royal, indépendamment de ces deux objets.

Art. X. En cas d'insuffisance, ce qui restera de dettes passives, de quelque nature qu'elles puissent être, sera réuni à la dette constituée 5 p. % consolidés, et converti pour les créanciers, en titres de pareille nature. Les ministres rendront compte de l'exécution.

Art XI. L'administration du cadastre est supprimée. Les appointemens seront payés jusqu'au 1er juillet prochain. Le ministre de l'intérieur présentera, au commencement de la session de 1822, un mode, d'après lequel le cadastre de toutes les propriétés de la France puisse être terminé en trois années, sur les bases d'un arpentage et d'une évaluation parcellaire dans chaque département ; et d'une centralisation uniforme au ministère de l'intérieur ; la proposition de la loi de finance spécifiera l'allocation des fonds nécessaires.

Art. XII. Dans le cours de la session de 1822, les ministres présenteront un mode de perception, par lequel les recettes de l'administration des domaines, des forêts, douanes, contributions directes ou indirectes puissent être perçues avec plus d'économie, soit en diminuant le nombre des agens, soit en changeant l'organisation même de ces administrations.

DÉPENSES.

DÉPENSES GÉNÉRALES ET SERVICES.	ALLOCATIONS demandées par le projet de loi.	RÉDUCTIONS.	ALLOCATIONS réduites.
Dette constituée	188864560	» »	188864560
Amortissement.	40000000	» »	40000000
Liste civile et Famille royale.	34000000	» »	34000000
Présidence du conseil des ministres . . .	180000	180000	» »
Justice.	18000000	665937	17334063
Affaires étrangères	7870000	550000	7320000
Intérieur	112085000	6124523	105960477
Guerre	176472000	2873000	173599000
Marine	60000000	1387450	58612550
Finances.	113222900	2114300	111108600
Frais de régie, de perception, non valeurs, etc.	138846880	2324750	136522130
Instruction publique.	2424200	330000	2094200
Poudres et salpêtres.	3148096	» »	3148096
TOTAUX.	895113636	16549960	878563676

RECETTES.

DÉSIGNATION DES REVENUS ET IMPOTS.	PRODUITS annoncés par le projet de loi.	RÉDUCTIONS.	RECETTES réduites.
Enregistrement et Domaines	160165000	» »	160165000
Forêts.	16500000	» »	16500000
Douanes et sels.	124000000	» »	124000000
Contributions indirectes	193250000	5000000	188250000
Postes.	23900000	» »	23900000
Loteries	14000000	7000000	7000000
Versement au trésor par la ville de Paris.	5500000	» »	5500000
Produits divers.	5723000	» »	5723000
Contributions directes.	312617000	» »	312617000
Transport de l'excédant des recettes de 1820	34345033	» »	34345033
Instruction publique.	2424200	» »	2424200
Poudres et salpêtres.	3148096	» »	3148096
TOTAUX. . . .	895572329	12000000	883572329

RÉSULTAT.

Les recettes réduites sont de 883572329
Les dépenses réduites s'élèvent à 878563676

Excédant de recette. . . . 5008653

APPENDICE.

Depuis que ces considerations sont terminées, le nouveau ministère vient de présenter à la chambre des députés, le 11 janvier dernier, un projet de loi tendant à faire subir à la proposition du budget pour 1822, les deux modifications suivantes.

1° Changer la somme de 3,400,000 de rentes demandée pour le remboursement du deuxième cinquième des reconnaissances de liquidation , et mentionnée au chap. Ier de la première partie de cet examen, en celle de 3,418,958, comme plus exactement conforme au prix moyen des rentes pendant les six derniers mois de 1821.

2° Ajouter au crédit demandé pour le ministère de la guerre, celui de 12 millions pour couvrir les dépenses nécessitées par une nouvelle levée de 36,000 hommes.

Sans examiner si les chambres auront quelque motif de contester cette augmentation de dépenses, et en la supposant, ainsi que je le crois, justifiée par la nécessité de renforcer notre armée nationale, dans un moment où chaque état de l'Europe peut se voir menacé tour à tour dans son indépendance, il est bon de faire observer qu'elle ne changera rien au résultat total des calculs contenus dans cet ouvrage.

Relativement à la première de ces deux modifications, la différence est trop insensible entre la somme aujourd'hui demandée, et celle mentionnée au premier projet, pour qu'elle ôte rien à nos observations, ainsi qu'aux détails d'économie sur lesquels nous avons insisté.

Quant aux 12 millions, fussent-ils alloués sans réduction par les chambres, il est trop évident que les produits des différentes administrations, notamment celles de l'enregistrement et des contributions indirectes, surpasseront de beaucoup l'évaluation qui en a été faite dans le projet de loi, l'aveu du gouvernement à cet égard vient trop bien corroborer cette évidence même, pour ne pas rendre inutile la recherche de nouveaux moyens : nous avons vu que nous avions un excédant de recette d'environ 5 millions, c'est donc à 7 millions que se réduit la somme demandée pour cette nouvelle dépense, et ce n'est pas quand il résulte de l'inexactitude des évaluations dans les produits de 1820, un excédant de 34,000,000 à reporter au budget des recettes de cette année, que l'on pourrait craindre de ne pas trouver dans la même cause cette ressource modique de 7 millions. Les ministres reconnaissent tellement eux-mêmes cette vérité, qu'ils ne demandent, en proposant cette dépense de plus, aucun surcroit de contribution pour y subvenir.

Il est permis cependant de règretter que des variations si fréquentes dans le personnel des ministres, outre qu'elles augmentent le nombre des vétérans de la haute administration, auquel on alloue à leur sortie des traitemens si considérables, s'opposent encore à ce que la loi financière soit basée sur des principes fixes, et sur des opérations calculées d'avance, à ce qu'elle offre, conséquemment, à ceux qui en veulent raisonner les détails, des points invariables et des données positives. Un projet de loi paraît : il est livré par là même à l'opinion publique; elle s'en empare pour le défendre ou le critiquer; elle appuie son blâme ou son assentiment sur des calculs qui lui semblent des démonstrations; soudain d'une réunion de nouveaux ministres vont éclore de nouvelles combinaisons : tout reste incertain, tout devient provisoire, et c'est ainsi que la France sans fixité dans l'administration ne peut arriver d'avantage à la fixité dans les principes.

TABLE

DES CHAPITRES.

FIN DE LA TABLE.

www.ingramcontent.com/pod-product-compliance
Ingram Content Group UK Ltd.
Pitfield, Milton Keynes, MK11 3LW, UK
UKHW020829120726
13693UKWH00002B/548